新时代

坚持和推进全面依法治国的四川实践研究

胡业勋　主编

中央党校出版集团
国家行政学院出版社
NATIONAL ACADEMY OF GOVERNANCE PRESS

图书在版编目（CIP）数据

新时代坚持和推进全面依法治国的四川实践研究／
胡业勋主编 . —北京：国家行政学院出版社，2023.9
ISBN 978-7-5150-2804-0

Ⅰ.①新… Ⅱ.①胡… Ⅲ.①社会主义法制－建设－
研究－四川 Ⅳ.①D927.71

中国国家版本馆 CIP 数据核字（2023）第 126756 号

书　　名	新时代坚持和推进全面依法治国的四川实践研究
	XINSHIDAI JIANCHI HE TUIJIN QUANMIAN YIFA ZHIGUO DE
	SICHUAN SHIJIAN YANJIU
作　　者	胡业勋　主编
统筹策划	陈　科
责任编辑	曹文娟
责任校对	许海利
责任印制	吴　霞
出版发行	国家行政学院出版社
	（北京市海淀区长春桥路 6 号　100089）
综 合 办	（010）68928887
发 行 部	（010）68928866
经　　销	新华书店
印　　刷	北京九州迅驰传媒文化有限公司
版　　次	2023 年 9 月北京第 1 版
印　　次	2023 年 9 月北京第 1 次印刷
开　　本	170 毫米×240 毫米　16 开
印　　张	10.75
字　　数	146 千字
定　　价	40.00 元

本书如有印装问题，可联系调换，联系电话：（010）68929022

总　序

　　党的二十大报告指出："我们党勇于进行理论探索和创新，以全新的视野深化对共产党执政规律、社会主义建设规律、人类社会发展规律的认识，取得重大理论创新成果，集中体现为新时代中国特色社会主义思想。十九大、十九届六中全会提出的'十个明确'、'十四个坚持'、'十三个方面成就'概括了这一思想的主要内容，必须长期坚持并不断丰富发展。"由此第一次在党的重大文献中正式出现"十个明确"的概念表述，清晰阐明了"十个明确"在党的创新理论中的理论地位和权威概括，为学习贯彻和研究阐释习近平新时代中国特色社会主义思想提供了方向指引和理论遵循。

　　"十个明确"的理论概括经历了一个过程。2017年10月，党的十九大报告在"新时代中国特色社会主义思想和基本方略"部分首次用"八个明确"和"十四个坚持"对习近平新时代中国特色社会主义思想的主要内容进行总体性概括。报告中的"八个明确"是：明确坚持和发展中国特色社会主义，总任务是实现社会主义现代化和中华民族伟大复兴，在全面建成小康社会的基础上，分两步走在本世纪中叶建成富强民主文明和谐美丽的社会主义现代化强国；明确新时代我国社会主要矛盾是人民日益增长的美好生活需要和不平衡不充分的发展之间的矛盾，必须坚持以人民为中心的发展思想，不断促进人的全面发展、全体人民共同富裕；明确中国特色社会主义事业总体布局是"五位一体"、战略布局是"四个全面"，强调坚定道路自信、理论自信、制度自信、文化自信；明确全面深化改革总目标是完善和发展中国特色社会主义制度、推进国家治理体系和治理能力现代化；明确全面推进依法治国总目标是建设中国特色社会主义法治体系、建设社会主义法治国家；明确党在新时代的强军目标是建设一支听党指挥、能打胜仗、作风优良的人民军队，把人民军队建设成为世界一流军队；明确中国特色大国外交要推动构建新型国际关系，推动构建人类命运共同体；明确中国特色社会主义最本质的特征是中国共产党领导，中国特色社会主义制度的最大优势是中国共产党领导，党是最高政治领导力量，提出新时代党的建设总要求，突出政治建设在党的建设中的重要地位。

2021年11月，党的十九届六中全会通过的《中共中央关于党的百年奋斗重大成就和历史经验的决议》（以下简称《决议》）第一次将"八个明确"丰富发展为"十个明确"并进行全面阐述。《决议》指出：以习近平同志为主要代表的中国共产党人，坚持把马克思主义基本原理同中国具体实际相结合、同中华优秀传统文化相结合，坚持毛泽东思想、邓小平理论、"三个代表"重要思想、科学发展观，深刻总结并充分运用党成立以来的历史经验，从新的实际出发，创立了习近平新时代中国特色社会主义思想，明确中国特色社会主义最本质的特征是中国共产党领导，中国特色社会主义制度的最大优势是中国共产党领导，中国共产党是最高政治领导力量，全党必须增强"四个意识"、坚定"四个自信"、做到"两个维护"；明确坚持和发展中国特色社会主义，总任务是实现社会主义现代化和中华民族伟大复兴，在全面建成小康社会的基础上，分两步走在本世纪中叶建成富强民主文明和谐美丽的社会主义现代化强国，以中国式现代化推进中华民族伟大复兴；明确新时代我国社会主要矛盾是人民日益增长的美好生活需要和不平衡不充分的发展之间的矛盾，必须坚持以人民为中心的发展思想，发展全过程人民民主，推动人的全面发展、全体人民共同富裕取得更为明显的实质性进展；明确中国特色社会主义事业总体布局是经济建设、政治建设、文化建设、社会建设、生态文明建设五位一体，战略布局是全面建设社会主义现代化国家、全面深化改革、全面依法治国、全面从严治党四个全面；明确全面深化改革总目标是完善和发展中国特色社会主义制度、推进国家治理体系和治理能力现代化；明确全面推进依法治国总目标是建设中国特色社会主义法治体系、建设社会主义法治国家；明确必须坚持和完善社会主义基本经济制度，使市场在资源配置中起决定性作用，更好发挥政府作用，把握新发展阶段，贯彻创新、协调、绿色、开放、共享的新发展理念，加快构建以国内大循环为主体、国内国际双循环相互促进的新发展格局，推动高质量发展，统筹发展和安全；明确党在新时代的强军目标是建设一支听党指挥、能打胜仗、作风优良的人民军队，把人民军队建设成为世界一流军队；明确中国特色大国外交要服务民族复兴、促进人类进步，推动建设新型国际关系，推动构建人类命运共同体；明确全面从严治党的战略方针，提出新时代党的建设总要求，全面推进党的政治建设、思想建设、组织建设、作风建设、纪律建设，把制度建设贯穿其中，深入推进反腐败斗争，落实管党治党政治责任，以伟大自我革命引领伟大社会革命。这些战略思想和创新理念，是党对中国特色社会主义建设规律认识深化和理论创新的重大成果。

从"八个明确"到"十个明确"，既有表述次序的重要调整，又有表述内容的重大创新。从次序上看，党的十九大报告中的第八个明确在《决议》中被摆到第一位，《决议》第一个明确重申中国特色社会主义最本质的特征是中国共产党领导，强调中国特色社会主义制度的最大优势是中国共产党领导，强调中国共产党是最高政治领导力量，同时增写了全党必须增强"四个意识"、坚定"四个自信"、做到"两个维护"。这是因为党的十八大以来，正是确立习近平同志党中央的核心、全党的核心地位，确立习近平新时代中国特色社会主义思想的指导地位，党和国家事业才发生了历史性变革、取得了历史性成就。这与《决议》提出"两个确立"是紧密联系、互为支撑的，讲清了中国共产党在中国特色社会主义事业中的领导核心作用，凸显了坚持和加强党的全面领导特别是党中央集中统一领导的重大原则和根本地位。

从内容上看,《决议》新增了第七个明确,即"明确必须坚持和完善社会主义基本经济制度,使市场在资源配置中起决定性作用,更好发挥政府作用,把握新发展阶段,贯彻创新、协调、绿色、开放、共享的新发展理念,加快构建以国内大循环为主体、国内国际双循环相互促进的新发展格局,推动高质量发展,统筹发展和安全"。这体现了以习近平同志为核心的党中央推动我国经济发展实践的宝贵智慧和理论结晶,是中国特色社会主义政治经济学的最新成果和重大发展。《决议》新增了第十个明确,即"明确全面从严治党的战略方针,提出新时代党的建设总要求,全面推进党的政治建设、思想建设、组织建设、作风建设、纪律建设,把制度建设贯穿其中,深入推进反腐败斗争,落实管党治党政治责任,以伟大自我革命引领伟大社会革命"。从结构上看,新增的第十个明确讲全面从严治党,这与第一个明确讲中国共产党领导做到首尾呼应、逻辑统一,同时也与《决议》总结归纳的党的百年奋斗的十条历史经验中的坚持党的领导和坚持自我革命,形成一前一后的呼应关系。除了新增的第七个明确和第十个明确外,《决议》还增加了一些十分重要的新表述。如第二个明确里新增"以中国式现代化推进中华民族伟大复兴"的表述,这反映了习近平新时代中国特色社会主义思想对建设什么样的社会主义现代化强国、怎样建设社会主义现代化强国这一重大时代课题的深邃思考和准确判断,进一步指明了中国式现代化道路的前进方向和光明图景。第三个明确里新增了"发展全过程人民民主"的表述,这是对中国特色社会主义政治建设理论和实践的新发展。第九个明确里强调中国特色大国外交的总目标,新增了"服务民族复兴、促进人类进步"的新表述,构成习近平外交思想的重要组成部分。总体上看,这些新表述、新论断深刻反映了党的十九大以来,以习近平同志为核心的党中央对新时代坚持和发展什么样的中国特色社会主义、怎样坚持和发展中国特色社会主义,建设什么样的社会主义现代化强国、怎样建设社会主义现代化强国,建设什么样的长期执政的马克思主义政党、怎样建设长期执政的马克思主义政党等重大时代课题的深邃思考和科学回答进一步深入，更加系统、科学、全面、准确地阐明了习近平新时代中国特色社会主义思想，是党的创新理论的集中概括和凝练表达。

党的创新理论内涵十分丰富，涵盖新时代坚持和发展中国特色社会主义的总目标、总任务、总体布局、战略布局和发展方向、发展方式、发展动力、战略步骤、外部条件、政治保证等基本问题，并根据新的实践对党的领导和党的建设、经济、政治、法治、科技、文化、教育、民生、民族、宗教、社会、生态文明、国家安全、国防和军队、"一国两制"和祖国统一、统一战线、外交等各方面作出新的理论概括和战略指引，贯通马克思主义哲学、马克思主义政治经济学、科学社会主义，贯通历史、现在、未来，贯通改革发展稳定、内政外交国防、治党治国治军等各领域。在这一科学系统、逻辑严密、有机统一的理论体系中，"十个明确"主要从战略和理论层面阐明了新时代中国特色社会主义"是什么"的问题，"十四个坚持"主要从策略和实践层面明确了新时代中国特色社会主义"怎么办"的问题，"十三个方面成就"主要从标志性成果和历史性成就层面检验了新时代中国特色社会主义"好不好"的问题，它们共同架构和集中升华习近平新时代中国特色社会主义思想的科学性、系统性、人民性、实践性、开放性。

"十个明确"坚持实事求是的思想路线，秉承马克思主义与时俱进的理论品格，深深植根于中华优秀传统文化，从体系化和学理性层面展示了我们党对习近平新时代中国特色社会主义思想的科学建构和系统阐释，反映了我们党对共产党执政规律、社会主义建设规律、人类社会发展规律的的认识深化，集聚了我们党治国理政新理念新思想新战略和原创性贡献，具有鲜明时代性、深厚民族性、彻底理论性、整体逻辑性。其整体性内在逻辑大致如下：方向引领（党的领导）—目标指引（总任务）—根本立场（以人民为中心）—战略路径（总体布局和战略布局）—根本动力（全面深化改革总目标）—本质要求（全面依法治国总目标）—中心工作（基本经济制度）—坚强铸石（强军目标）—战略保障（特色外交）—政治保证（全面从严治党）。

具体而言，"十个明确"中的每一个明确都有着十分丰富的内涵意蕴和实践要求，其在聚焦坚持和发展中国特色社会主义这一宏大主题基础上，又在各自领域体现出强烈的价值指向、鲜明的结构主线、突出的逻辑重点。第一个明确突出了党对创立和发展中国特色社会主义的领导核心作用，强化了党的领导制度在中国特色社会主义制度体系中的核心地位和根本保证作用。第二个明确擘画了实现中华民族伟大复兴的宏伟蓝图，明确了新时代实现民族复兴的总任务和顶层设计，将任务、目标、道路统一于一体，明晰了全面建设社会主义现代化国家的时间表和路线图，成为引领中国进步发展的鲜明旗帜。第三个明确指明了我国社会主要矛盾的重大变化，提出了以人民为中心的发展思想，从政治层面提出发展全过程人民民主，从终极关怀层面提出人的全面发展和共同富裕目标，是对发展马克思主义的重大贡献。第四个明确将中国特色社会主义事业"五位一体"总体布局和"四个全面"战略布局相互促进、统筹联动，从总体上确立了新时代坚持和发展中国特色社会主义的战略规划和发展路径。第五个明确从全面深化改革总目标视角构建系统完备、科学规范、运行有效的制度体系，明确提出国家治理体系和治理能力现代化，是对马克思主义国家学说的原创性贡献。第六个明确提出全面依法治国总目标和推进路径，深化了马克思主义关于社会主义法治建设的思想。第七个明确强调必须坚持和完善社会主义基本经济制度，使市场在资源配置中起决定性作用，更好发挥政府作用，提出把握新发展阶段、贯彻新发展理念、构建新发展格局、推动高质量发展的新理念新思想新战略，是对马克思主义政治经济学的重大发展。第八个明确提出党在新时代的强军目标，坚持政治建军、改革强军、科技强军、人才强军、依法治军，丰富发展了马克思主义军事理论。第九个明确提出中国特色大国外交的根本使命，倡导全人类共同价值，推动构建人类命运共同体，是对马克思主义关于世界历史思想和国际关系思想的原创性贡献。第十个明确从党的自我革命高度加强党的自身建设，突出共产党人精神谱系和政治特质，是对马克思主义政党学说和建设规律的重大发展。

2023年是学习贯彻党的二十大精神的开局之年，在全党开展的学习贯彻习近平新时代中国特色社会主义思想主题教育正如火如荼地进行着。置于这个背景下审视，对"十个明确"的丰富内涵及其实践要求进行研究，具有重要的理论价值和实践意义。中共四川省委党校（四川行政学院）专门组建研究团队，集中学术资源，历时两年多开展"十个明确"的四川实践专题研究，一方面是落实学习贯彻习近平新时代中国特色社会主义思想政治首课的理论使命使然，另一方面是落实推动治蜀兴川再上新台阶、奋力谱写中国式现代化四川新篇章的实践要求使然。我们旨在通过这种体系化、协作式研究，力图从理论上弄清"十个明确"的科学内涵和重大意义，从实践上厘清"十个明确"对建设现代化四川的时代要求，以实际行动践行为党育才、为党献策的党校初心，在新时代新征程作出应有的党校贡献。

是为序。

裴泽庆

2023年4月

前　言

　　全面推进依法治国这件大事能不能办好，最关键的是方向是不是正确、政治保证是不是坚强有力。党的十九届六中全会通过《中共中央关于党的百年奋斗重大成就和历史经验的决议》，用"十个明确""十四个坚持""十三个方面成就"系统概括习近平新时代中国特色社会主义思想核心内容，其中一个明确是"明确全面推进依法治国总目标是建设中国特色社会主义法治体系、建设社会主义法治国家"。提出这个总目标，既明确了全面推进依法治国的性质和方向，又突出了工作重点和总抓手，对全面推进依法治国具有纲举目张的重要意义。这一总目标即指在中国共产党领导下，坚持中国特色社会主义制度，贯彻中国特色社会主义法治理论，建设完备的法律规范体系、高效的法治实施体系、严密的法治监督体系、有力的法治保障体系，形成完善的党内法规体系，坚持依法治国、依法执政、依法行政共同推进，坚持法治国家、法治政府、法治社会一体建设，实现科学立法、严格执法、公正司法、全民守法，促进国家治理体系和治理能力现代化。立足于新时代新征程法治建设的新要求，必须深刻领悟"两个确立"的决定性意义，坚持以习近平法治思想为指引，以坚持和推进全面依法治国不断夯实中国式现代化的法治根基。

　　本书紧紧围绕这一总目标，从如何坚持和推进全面依法治国总目标这一命题出发，紧扣习近平法治思想和党领导法治建设相关理论与实践，溯源党的百年法治奋斗史，充分阐释建设中国特色社会主义法治体系的总体布局和建设社会主义法治国家的路径选择，并撷取坚持和推进全面依法治国总目标的四川实践及典型案例，多维度阐述坚持和推进全面依法治国总目标的意义、内涵与核心要素。第一章从理论维度出发,阐述坚持和推进全面依法治国总目标的基本理论,依循理解全面依法治国总目标的科学内涵和把握全面依法治国总目标的重要意义进路,揭示总目标所蕴含的建设中国特色社会主义法治体系和社会主义法治国家的融汇关系。第二章从历史维度出发,溯源坚持和推进全面依法治国总目标的确立,通过历史经验的梳理总结得出我们党历来重视法治建设,回顾全面依法治国总目标的形成和确立过程,追溯依法治国的先期探索、中期发展、深化完善等阶段,阐明坚持和推进全面依法治国总目标是我们党执政兴国过程中凝结出的可贵经验。第三章从现实维度出发,阐明建设中国特色社会主义法治体系的总体布局,历叙中国特色社会主义法治体系建设的阶段性成就,并解释其基本任务包括建设完备的法律规范体系、高效的法治实施体系、严密的法治监督体系、有力的法治保障体系以及形成完善的党内法规体系。第四章亦从现实维度阐明建设社会主义法治国家的路径选择,从不同层次明确建设社会主义法治道路的具体路径,展现法治国家建设的方向性内容,并进一步明确法治国家建设如何作为主体工程予以推进以及建设社会主义法治国家的保障机制。第五章仍从实践维度出发,历叙坚持和推进全面依法治国总目标的四川实践,立足四川作为西部大省的省情实际,介绍以赶考姿态推动新时代治蜀兴川再上新台阶,为全面建设法治四川努力奋斗的实践案例和宝贵经验,谱写新时代法治建设的四川篇章,以具体举措、典型案例等内容沉淀出坚持和推进全面依法治国总目标的四川经验。

目标引领方向,目标汇聚力量。全面依法治国总目标为引领法治中国建设指明了前进方向,党的二十大报告对法治部分专章部署,充分彰显了我们党领导人民进行法治建设的决心意志。新时代新征程必须坚定不移走中国特色社会主义法治道路,更好推进中国特色社会主义法治体系建设,以解决法治领域突出问题为着力点,以法治筑基、以规则护航,提高全面依法治国能力和水平,为全面建设社会主义现代化国家、实现第二个百年奋斗目标提供有力法治保障。

📖 目 录

第一章　坚持和推进全面依法治国的基本理论

一、全面依法治国总目标的重要意义

全面依法治国作为国家治理领域一场广泛而深刻的革命，同时也是实现国家治理能力现代化、建设现代法治国家的本质要求和重要保障。党的二十大报告提出："全面依法治国是国家治理的一场深刻革命，关系党执政兴国，关系人民幸福安康，关系党和国家长治久安。"这一总目标，为国家治理能力现代化指明了方向，是贯穿坚持全面依法治国的一条主线，作为推进社会主义法治建设的基本遵循和行动指南，对我们学习、贯彻、落实全面推进依法治国内涵具有纲举目张的意义。只有准确把握这一总目标的重要意义，才能更好地推进社会主义法治建设。

（一）全面依法治国是实现中华民族伟大复兴的关键所在

全面依法治国是我们党和国家为实现中华民族伟大复兴而作出的重大抉择，全面依法治国也是实现中华民族伟大复兴中国梦的迫切要求。要实现中华民族伟大复兴必然意味着对我国发展的各个领域有着更高的标准，在中国法治方面必然也有新要求。

第一，全面依法治国是实现中华民族伟大复兴的应有内容。实现中华民族伟大复兴不仅要求解决目前社会发展不均衡的现状，更加强调国家与社会发展的整体性与平衡性，实现经济、政治、文化、社会、生态多方面的发展，确保"五位一体"总体布局协调运行。法治作为治国理政的基本方式，也当然地包含以法律解放和增强社会活力，促进社会公平正义、维护社会和谐稳定，为"五位一体"协调运行保驾护航的内容，坚持全面依法治国要求更加注重运用法律准绳去衡量、规范、引导政治、经济、文化和社会生活，更加注重运用法治的方式统筹社会力量、平衡社会利益、调节社会关系、规范社会行为。只有这样，才能推动经济社会持续健康发展，确保实现中华民族伟大复兴的中国梦。

第二，全面推进依法治国为实现中华民族伟大复兴提供法治保障。中国作为拥有几千年历史且地域辽阔的大国，部分地区之间存在着发展不平衡不协调的情况，改革开放以来，虽然我国经济建设取得了重大成就，各地区之间的差异在逐渐缩小，但是问题仍然不容忽视，在多变的世界格局下，国际压力不断增强，人民内部矛盾仍然存在，生态环境压力仍旧巨大。要实现中华民族伟大复兴，就必须从多个层面解决当下我国面临的难题。在政治方面，需要以法治去维护人民切身利益，保证人民群众参与政治生活，用法律惩治腐败问题；在经济方面，需要用法律规制不断转变的经济发展方式，维护经济市场发展秩序，保障经济结构有序调整；在环境方面，需要用法治维护生态环境，惩治破坏生态的违法违规行为；在文化方面，需要法治保障网络文化等文化市场的有序发展。这些层面问题的解决和规制，都需要相关法律法规的建立和执法力度的加强。

（二）全面依法治国是全面深化改革的必然要求

2013 年 11 月，党的十八届三中全会通过了《中共中央关于全面深化改革若干重大问题的决定》，党中央提出不仅要全面深化改革，更要依靠法治进行改革，后在党的十八届四中全会作出了全面依法治国的决定，强调始终做到二者的同时进行。可见，二者相辅相成，不可偏废，是实现伟大目标的"鸟之两翼"。习近平总书记指出："改革与法治如鸟之两翼、车之两轮。"① 要坚持在法治下推进改革，在改革中完善法治。我们可以看出，改革和法治是相辅相成、相伴而生的，不可偏废其一或将二者分割开来。习近平总书记早就指出，凡属重大改革都要于法有据。在整个改革过程中，都要高度重视运用法治思维和法治方式，确保在法治轨道上推进改革。同时，要发挥法治的引领、规范、保障作用。要坚持走中国特色社会主义法治道路，加快构建中国特色社会主义法治体系，建设社会主义法治国家。全面依法治国，核心是坚持党的领导、人民当家作主、依法治国有机统一，关键在于坚持党领导立法、保证执法、支持司法、带头守法。要在全社会牢固树立宪法和法律权威，弘扬宪法精神，任何组织和个人都必须在宪法和法律范围内活动，不得有超越宪法和法律的特权。

第一，全面深化改革与全面依法治国是实现中华民族伟大复兴的"鸟之两翼"。全面深化改革与全面依法治国二者相辅相成、相互促进，全面依法治国为全面深化改革提供保障，全面深化改革推动全面依法治国的发展。全面深化改革以来，不适应社会发展的体制机制被革除，不断完善中国特色社会主义制度，努力实现治理能力治理体系的现代化。② 党中央通过改革开放不断深化改革，特别是大力改革体制机制并发展民主与法治，以不断激活社会主义事业的蓬勃发展。在改革的进程中，法治为改革提供各项制度保障和法治引导，使改革走向法治道路。因此，全面深化改革和全面推进依法治国是推动中国各领域平稳运行的手段、方法与措施，其中全面深化改革是发展的持久动力，而全面推进依法治国是发展的坚强保障，二者是实现中华民族伟大复兴的两把利刃。

第二，全面依法治国为全面深化改革提供法律保障。全面深化改革与全面依法治国相辅相成，在促进全面依法治国发展的同时，全面依法治国

---

① 习近平：《论坚持全面依法治国》，中央文献出版社 2020 年版，第 231 页。
② 参见邹谨、李敬煊《论依法治国与中国特色社会主义制度的辩证关系》，《广西社会科学》2015 年第 10 期。

也为全面深化改革保驾护航，共同促进。因此，进一步深化改革必然要求坚持全面依法治国，以法治为引领进而保证全面深化改革的规范性和制度性，确保改革政策的更好落实。我国的改革经历了多个发展时期，在改革初期，某些改革举措未能充分贯彻法治思想，在一定程度上影响了我国的改革进程。经过多年发展，改革的方法与路径日渐规范，也进入了改革攻坚的关键时期。在此情形下，只有坚持全面依法治国，走中国特色社会主义法治之路，以法治保障改革，协调好各方利益，保证人民的正当权益，才能保障改革之路的顺利畅通。

（三）全面依法治国与全面从严治党辩证统一

2014 年 10 月 8 日，习近平总书记首次提出全面从严治党，2014 年在江苏调研期间又提出"四个全面"，即全面从严治党、全面依法治国、全面建成小康社会、全面深化改革。全面从严治党的目的是提高党的执政水平，这与党中央对法治的思考完全契合。习近平法治思想对法治中国建设由谁领导这一问题作出了深刻解答，并科学指明了推进全面依法治国的根本保证。习近平总书记指出，党的领导是中国特色社会主义法治之魂。①只有在党的领导下依法治国、厉行法治，人民当家作主才能充分实现，国家和社会生活法治化才能有序推进。习近平总书记在中央全面依法治国工作会议上，对推进全面依法治国要重点抓好的工作提出了 11 个方面的要求，其中首要的就是"坚持党对全面依法治国的领导"。党的领导是中国特色社会主义最本质的特征，是推进全面依法治国的根本保证，是中国特色社会主义法治之魂，充分表明党的领导在全面依法治国中的统领性、全局性、决定性地位。

第一，全面依法治国是全面从严治党的必要条件。这是由中国共产党在中国的地位所决定的。中国共产党是执政党，坚持中国共产党的领导是

---

① 《习近平关于全面依法治国论述摘编》，中央文献出版社 2015 年版，第 35 页。

中国特色社会主义最根本的保证，党的领导全面贯彻在我国的各领域。中国共产党代表了我国最先进的生产力，管理好党对我国社会主义的发展具有重大影响，对于实现祖国繁荣昌盛、实现中华民族伟大复兴具有重大推动作用。因此，必须始终坚持"党要管党，从严治党"。在当下复杂多变的国际环境以及国内发展不均衡的情形下，党的建设面临重重困难，并且中国共产党党员众多，组织机构复杂且庞大，要实现党的规范有序发展，处理好党内党外关系，就必须紧紧依靠法治，通过法治为全面从严治党保驾护航。全面依法治国上升为我党的基本方略，同时坚持依法执政，这就要求我们党依据法律法规，走好法治这条路，协调好党内法规与国家法律的关系，依法保障党的平稳有序运行。

第二，全面依法治国为全面从严治党提供法律基石。全面从严治党是指，党中央和基层党组织密切联系，发挥人民的监督作用，以管理和监督党员干部为主要工作，涉及反腐、作风、组织等各个领域。① 新常态下，习近平总书记对全面从严治党提出了 8 点要求，其中制度治党、规则治党尤其重要。要保持稳定，运用好规则与制度管理好党是第一要务，法律具有规范性与强制性，因此我国公民都要受到法律的制约。党的十九大和十九届四中全会更是强调全面推进依法治国，为更好地规范党员队伍提供法治保障。全面推进依法治国，首先必须坚定不移地坚持宪法作为根本法的地位，维护宪法的权威，发挥法律的规范性作用，将宪法与法律落到实处，在每一个环节中都贯彻法治的规范作用。全面从严治党离不开全面依法治国的推动作用，在从严治党的进程中要重视法律的地位和作用，遵守宪法与法律，着力解决好党的领导和依法治国、党的政策和国家法律的关系问题，推进中国共产党执政的制度化、规范化、程序化，以依法执政促进和保障科学执政、民主执政。

---

① 参见高通《从近年反腐败大案看我国反腐的法治向度》，《广西大学学报（哲学社会科学版）》2015 年第 37 期。

（四）全面依法治国是实现国家治理体系和治理能力现代化的必由之路

全面推进依法治国是实现国家治理体系和治理能力现代化的必由之路。国家治理体系和治理能力的现代化是指使其实现民主化、法治化、科学化，法治化作为最重要的内容，内生性地要求国家治理体系与治理能力的法治化。

国家治理体系的法治化是指国家的各项治理制度、体制机制等符合法律法规的要求，通过立法活动将各项制度规定到法律法规之中。因此，实现国家治理体系的法治化就必须制定完备的法律法规体系，使各项制度的运行都处在法律的规范之中，确保制度制定程序的透明性与合法性。国家治理能力的法治化是指国家权力、各项国家制度的执行力的法治化。国家的治理能力充分体现在管理国家、管理社会上，而法治化内在要求国家在运用自身权力管理国家与社会的同时充分利用法律的规范性，以法律为准绳，尊重宪法和法律。

推进国家治理体系与治理能力现代化，要求强化宪法和法律的执行力，树立宪法和法律的权威，使国家治理的行为都在宪法和法律的框架之下，努力发挥全面依法治国对其能力提升的积极作用。在理念上，通过国家顶层设计这一基本方略，全面厉行法治，从治理理论、治理目标、治理模式、治理制度等全方位推进全面依法治国。在内容上，坚持全面依法治国这一制度安排以实现国家治理经济生活、政治生活和社会生活的目标，推动经济、政治、社会、文化和生态文明建设实现全领域覆盖。在方式上，坚持全面依法治国作为党的治国理政方略，全面促进党依法执政、总揽全局、协调各方，对国家和社会实施系统治理、依法治理、综合治理。坚持全面依法治国是国家治理现代化的主要内容，也是推进国家治理现代化的重要途径和基本方式，是实现国家治理现代化的重要保障。

（五）全面依法治国是维护人民权益的根本保障

习近平总书记指出："推进全面依法治国，根本目的是依法保障人民权益。"① 现代法治国家的本质，是在法治的框架下保障全体公民享有广泛权利，保障公民的人身权、财产权、基本政治权利等各项权利不受侵犯，保证公民的经济、文化、社会等各方面权利得到落实。全面依法治国最广泛、最深厚的基础是人民，必须把体现人民利益、反映人民愿望、维护人民权益、增进人民福祉落实到全面依法治国各领域全过程，保障和促进社会公平正义，努力让人民群众在每一项法律制度、每一个执法决定、每一宗司法案件中都感受到公平正义。只有坚持全面依法治国，在经济、政治、文化、社会、生态文明等各领域全方位以法治的手段推进一体化建设，才能实现这个目标。

习近平总书记指出："我国社会主义制度保证了人民当家作主的主体地位，也保证了人民在全面推进依法治国中的主体地位。"② 必须牢牢把握社会公平正义这一法治价值追求，努力让人民群众在每一项法律制度、每一个执法决定、每一宗司法案件中都感受到公平正义。要把体现人民利益、反映人民愿望、维护人民权益、增进人民福祉落实到依法治国全过程，保证人民在党的领导下通过各种途径和形式管理国家事务，管理经济和文化事业，管理社会事务。

人民利益的维护需要全面推进依法治国的保障。全面依法治国要求要以法治的方式解决人民内部的问题，更要依法解决人民内部的各项矛盾以维护社会的稳定和长治久安。要实现维护人民权利和社会总体稳定两手抓，人民在享受权利的同时应当履行义务，努力提升人民的法治素养和法治水平，让法治建设的胜利成果惠及社会全体人民。现代法治国家的本

---

① 习近平：《论坚持全面依法治国》，中央文献出版社 2020 年版，第 2 页。
② 习近平：《加快建设社会主义法治国家》，《求是》2015 年第 1 期。

质，是在法治的框架下保障全体公民享有广泛权利，保障公民的人身权、财产权、基本政治权利等各项权利不受侵犯，保证公民的经济、文化、社会等各方面权利得到落实。只有坚持全面依法治国，在经济、政治、文化、社会、生态文明等全领域全方位以法治的手段推进一体化建设，才能实现这个目标。

习近平总书记深刻阐释法与德的关系，指出："法律是成文的道德，道德是内心的法律。""法治和德治不可分离、不可偏废，国家治理需要法律和道德协同发力。"① 翻开民法典，旗帜鲜明鼓励见义勇为的条款引人注目。捍卫"法不能向不法让步"，最高法、最高检、公安部联合发文厘清正当防卫认定细节……一个个鲜活案例、一次次公正裁决捍卫公序良俗，让社会主义核心价值观这一"最大公约数"更加深入人心。从惩戒老赖，到规制"霸座"；从严惩侮辱英烈的网络"大 V"，到弘扬家庭美德树立优良家风……法治德治相得益彰，助推社会风清气正，提振中华民族"精气神"。全面实行"谁执法谁普法"普法责任制，制定并实施《青少年法治教育大纲》，实施农村"法律明白人"培养工程……"七五"普法顺利完成，公民法治素养明显提升；"八五"普法全面启动，立足新发展阶段，努力提高普法针对性和实效性。"人民权益要靠法律保障，法律权威要靠人民维护。""只有全体人民信仰法治、厉行法治，国家和社会生活才能真正实现在法治轨道上运行。"法治的真谛，在于全体人民的真诚信仰和忠实践行。

二、全面依法治国总目标的科学内涵

全面依法治国是国家治理的一场深刻革命。从宏观上看，依法治国是以法治为前提，将国家的日常管理法治化、规范化、制度化，坚持中国共

---

① 《习近平谈治国理政》第二卷，外文出版社 2017 年版，第 133 页。

产党的领导，高举中国特色社会主义伟大旗帜，坚持中国特色社会主义法治道路，贯彻中国特色社会主义法治理论，推进各项工作实施展开，实现中国特色社会主义法治化道路、促进社会秩序的稳定、和谐。党的二十大报告提出："必须更好发挥法治固根本、稳预期、利长远的保障作用，在法治轨道上全面建设社会主义现代化国家。"因此，必须认真学习全面依法治国总目标的科学内涵，全面把握依法治国总目标的本质要求，才有利于确保中国特色社会主义法治体系和法治国家建设顺利推进。对全面依法治国总目标的科学内涵，可以从以下两个方面来认识和把握。

（一）坚持建设中国特色社会主义法治体系

中国特色社会主义法治体系是推进全面依法治国的总目标和总抓手。理论和实践证明，中国特色社会主义法治体系是符合当前时代发展要求的、适应改革开放和社会主义现代化建设需要的、集中体现党和人民意志的、立足中国国情和实际情况的社会主义法治体系，它并不是单一的法律规范的罗列和一成不变的刻板遵守。党的十九届四中全会提出建设法治中国的五大体系，即完备的法律规范体系、高效的法治实施体系、严密的法治监督体系、有力的法治保障体系以及完善的党内法规体系。这五大体系，涵盖了法律制定与法律实施、法治运行与保障机制、依法治国与从严治党等各个层面、各个环节，是由社会主义法治的各个方面有机构成的，结构完整、形式严谨的有机整体，是中国特色社会主义法治体系的具体展开和有力支撑。

1. 坚持建设中国特色社会主义法治体系的正确政治方向

中国特色社会主义法治道路的核心要义在于：坚持中国共产党领导是推进全面依法治国的领导力量；坚持中国特色社会主义制度是推进全面依法治国的制度基础；贯彻中国特色社会主义法治是推进全面依法治国的理论指导。这三个方面必须牢牢抓住，不可动摇。

第一，坚持中国共产党领导。中国共产党领导是中国特色社会主义最本质的特征，坚持党的领导是社会主义法治的根本要求，是全面依法治国的题中应有之义。近代以来的法治探索实践表明，依法治国离不开中国共产党的领导，离开了中国共产党的正确领导必然会影响国家的建设发展，必然会造成政府部门国家机关尸位素餐，必然会使社会经济脱离正轨，影响国家和社会的发展。要在坚持党的全面领导重大问题上做到头脑清晰、立场坚定。只有确保党的领导地位，中国特色社会主义法治建设的道路才不会偏、思想才不会歪、实施才不会乱，才能保证对国家治国理政的整体把握。

第二，坚持中国特色社会主义制度。坚持把马克思主义基本原理同中国具体实际结合起来，从制度上保障当代中国发展进步，从根基上推进全面依法治国的建设进程。推进全面依法治国的总目标实现应当与当前国家发展的阶段相匹配，应当集中体现中国特色社会主义的特点和优势。中国特色社会主义制度能更好地提升依法治国的治理效能、发挥治理优势。中国特色社会主义制度是依法治国总目标的制度保障，依法治国总目标是中国特色社会主义制度的具体贯彻。

第三，贯彻中国特色社会主义法治理论。实践充分证明，在中国共产党的领导下，中国特色社会主义法治道路是适合中国国情的、符合时代发展要求的道路，同时反映广大人民群众根本利益，坚持中国特色社会主义道路是推进全面依法治国、建设社会主义法治国家的唯一正确道路。不同国家的国情有所不同、经济发展水平有所不同、人民群众的迫切需要也有所不同，因此，在建设法治道路的问题上绝不能直接套用国外的方式方法，我们必须有自信、有底气、有定力地走中国特色社会主义法治道路。要实现全面依法治国的总目标，要求必须在中国特色社会主义法治道路上继续深入推进，以高质量、高标准、严要求的方式开展好全面依法治国各项工作①。

---

① 秋石：《全面依法治国是国家治理领域一场广泛而深刻的革命——三论学习贯彻习近平总书记关于"四个全面"的战略布局》，《求是》2015年第11期。

2. 坚持建设中国特色社会主义法治体系以宪法为核心

宪法是我国的根本大法，是治国安邦的总章程，是人民共同意志的集中体现，是公民基本权利的最有效保障，是维护社会和国家长治久安的重要手段。宪法是推动我国社会主义现代化建设，推动我国社会主义法治建设的"定海神针"。宪法确认了党的执政地位，确认了党在国家政权结构中总揽全局、协调各方的核心地位。宪法第一条第二款规定："中国共产党领导是中国特色社会主义最本质的特征。"宪法序言中也明确指出，"中国各族人民将继续在中国共产党领导下……健全社会主义法治"。党领导人民制定宪法和法律，领导人民实施宪法和法律，是我国以宪法为核心的法律体系形成和发展的政治基础和根本原则，被立法法、全国人民代表大会组织法、地方各级人民代表大会和地方各级人民政府组织法等细化落实，形成党领导人大立法和行政立法的法律依据。同时，宪法也明确规定党必须在宪法和法律范围内活动，这意味着党领导立法并非随意干涉甚至取代立法，而是要尊重人大依法行使立法权，做好党领导立法工作程序与立法程序的对接，善于使党的主张通过法定程序上升为国家意志。

第一，确立宪法在我国法治体系中的核心地位，尊重宪法的法律权威地位和根本大法的性质。一切法律、行政法规、部门规章等规范都必须以宪法为立法基础，以宪法的基本原则为根本遵循。一切法律都是宪法的具象化体现，是宪法所规定的基本原则的体现，是宪法所规定的公民基本权利的体现。习近平总书记提出："必须把宣传和树立宪法权威作为全面推进依法治国的重大事项抓紧抓好。"① 全面依法治国总目标的实现，需要完备的法律规范来为其保驾护航，其中宪法的作用至关重要。因此，全面实现依宪治国、依宪执政是全面推进依法治国的必然要求，保证宪法在全面依法治国的整个过程中高效地贯彻落实。推进依法治国过程中，党和国

---

① 习近平：《关于〈中共中央关于全面推进依法治国若干重大问题的决定〉的说明》，《人民日报》2014 年 10 月 29 日。

家所制定的各个方面的方针政策都必须以宪法为依据，以宪法为准绳，使之具有法律的强制约束，从而纳入法治的轨道上。

第二，发挥宪法对人民和国家进行指导和引领的重要作用。宪法具有最高权威性，一切法律、行政法规和地方性法规都不得同宪法相抵触，任何组织或者个人都不得有超越宪法和法律的特权，一切触及宪法底线的行为都是不被允许的。全面依法治国必须以宪法为统帅，坚持依法治国，就是要首先坚持依宪治国，坚持依法执政，关键就是要坚持依宪执政。

第三，全面贯彻实施宪法是全面依法治国、建设社会主义法治国家的首要任务和基础性工作。科学有效、系统完备的制度体系是保证宪法实施的路径，同时也需加强宪法监督，维护宪法尊严，切实将宪法实施提高到新水平。要把宣传和树立宪法权威作为全面推进依法治国的重大事项抓紧抓好，切实在宪法实施和监督上下功夫。要推进宪法学习宣传教育，以弘扬宪法精神，树立宪法权威。要在全党全社会深入开展尊崇宪法、学习宪法、遵守宪法、维护宪法、运用宪法的宣传教育活动，使全体人民都成为社会主义法治的忠实崇尚者、自觉遵守者、坚定捍卫者。

第四，要坚持把宪法作为根本活动准则。宪法是国家根本大法，是国家各种制度和法律法规的总依据。全国各族人民、一切国家机关和武装力量、各政党和各社会团体、各企业事业组织，都负有维护宪法尊严、保证宪法实施的职责，都不得有超越宪法和法律的特权。坚持宪法至上，维护国家法制统一、尊严、权威，一切法律、法规、规章、规范性文件都不得同宪法相抵触，一切违反宪法和法律的行为都必须予以追究。加强宪法实施和监督，健全保证宪法全面实施的制度体系，更好发挥宪法在治国理政中的重要作用。

3. 坚持建设中国特色社会主义法治体系以人为本

坚持人民主体地位是依法治国的基本原则，是依法治国的实质，是法治建设的灵魂。我们党反复强调人民群众对法治建设的重要性，习近平总书记在中央全面依法治国委员会第一次会议上的讲话中指出："法治建设要为了人民、依靠人民、造福人民、保护人民。"人民群众是治理国家的主体，只有紧紧依靠人民、为了人民，人民群众才能够给予法治建设无穷的力量。推进法治建设，离不开广大人民群众的积极参与，只有将人民的利益摆在第一位，使人民群众发自内心地参与到法治建设中，全面推进依法治国的总目标才可能如期实现。

（二）坚持依法治国、依法执政、依法行政共同推进

坚持依法治国、依法执政、依法行政共同推进，坚持法治国家、法治政府、法治社会一体建设是法治中国建设的着力点。全面推进依法治国不单单是一句简单的口号，而是一项程序复杂、内容丰富的庞大工程，其性质特点包括涉及主体复杂、涉及问题全面、涉及程序烦琐。全面依法治国总目标的实现，依托于必须在问题解决方面更加全面、系统、有针对性，必须在主体协调方面更加重视调动各方的积极性主动性，必须在程序设计方面整体谋划、逻辑清晰，在"共同推进"上找到发力点，在"一体建设"上找到着力点，统筹兼顾、突出重点，全面依法治国总目标的实现才能如期顺利推进。

依法治国、依法执政、依法行政三者之间并不是相斥的个体，而是既分别保持独立性又紧密关联在一起的有机整体。从独立性来看，三者的着眼角度有所不同、实施主体有所不同、观察层次有所不同；从关联性来看，三者都具有内涵的统一性、目标的一致性、作用的相关性，在全面推进依法治国的进程中，彼此协调、相互促进、形成合力。

第一，依法治国是党领导人民治理国家的基本方略，因此推进依法治国必须从宏观上进行逻辑设计，着眼全局、全面部署。依法治国的主体是"人民""全体人民""广大人民群众""全体各族人民"，无论表述如何变化，其关键词都是人民、核心都是人民、中心都是人民。依法治国就是广大人民群众在党的领导下，依照宪法和法律规定，通过各种途径和形式

管理国家事务，管理经济文化事业，管理社会事务，保证国家各项工作都依法进行。依法执政是党治国理政的基本方式，其主体是中国共产党，中国共产党作为执政党必须依法执政。依法行政的主体是国务院及地方各级人民政府，从中央人民政府到地方各级人民政府都必须严格地依照法律行使其行政权力。努力确保依法治国、依法执政、依法行政齐头并进，强调三者的共同推进，确保全体各族人民、中国共产党、各级人民政府都心往一处想，劲儿往一处使，朝着依法治国的总目标，共同推动中国法治的进步与发展。

第二，依法执政是我们党领导人民长期探索治国之道、不断深化对共产党执政规律认识的重大战略抉择。党的十一届三中全会后，我们党在理论和实践探索中逐步确立和形成了依法执政这一基本执政理念和执政方式。1982 年党的十二大通过的新党章提出"党必须在宪法和法律的范围内活动"，同年宪法规定各政党"必须以宪法为根本的活动准则""必须遵守宪法和法律"。党的十五大报告第一次明确提出依法治国基本方略，1999 年宪法修订，将这一基本方略作为重要的宪法原则。党的十六大将依法执政确立为党的基本执政方式。党的十八届四中全会明确指出"坚持依法执政，各级领导干部要带头遵守法律，带头依法办事"。这一历史进程，是我们党对依法执政及其在全面依法治国中重要地位作用的认识不断深化的过程。只有推进依法执政制度化、规范化、程序化，才能跳出历史周期率，把我们这样一个世界最大的执政党建设好，才能在长期执政中履行好为中国人民谋幸福、为中华民族谋复兴的初心使命。作为执政党的中国共产党是否依法执政，直接影响依法治国基本方略能否得到贯彻，影响社会主义法治建设的成败。我们要增强依法执政意识，坚持以法治的理念、法治的体制、法治的程序开展工作，推进党的领导入法入规，善于运用法治思维和法治手段巩固执政地位、改善执政方式、提高执政能力，保证党和国家长治久安。

第三，依法行政是切实维护广大人民群众切身利益、落实依法治国基本方略的必然要求。习近平总书记强调，"各级政府一定要严格依法行政，切实履行职责，该管的事一定要管好、管到位"①。我国绝大多数法律、行政法规、地方性法规由各级政府负责实施，执法主体多、涉及领域广、行为数量大，行政执法人员与群众打交道多，行政执法与群众利益关系密切。只有执法机关坚持严格规范公正文明执法，才能切实维护社会公平正义、更好满足人民群众的法治需求，才能树立执法机关公信力、带动全社会遵法守法、保证法律法规有效实施。近年来，我们推动综合行政执法改革，全面推行行政执法公示、执法全过程记录、重大执法决定法制审核"三项制度"，加强环境保护、安全生产、食品药品、社会治安等重点领域执法工作，取得积极成效。当前，我国正处于社会转型的特殊历史时期，各项改革进入攻坚期和深水区，影响社会和谐稳定的因素仍然存在，执法工作面临的形势和环境发生复杂而深刻的变化。与此同时，执法领域仍然存在不少问题，既有执法不严格，该严不严、该重不重、查处不力等执法不作为问题，也有执法不规范，简单粗暴、选择执法、趋利执法等执法乱作为问题，亟待解决。我们要进一步牢固树立"执法为民"理念，深化执法体制改革，准确把握行政执法的功能和目标，开展精准执法、柔性执法，严防机械办案、功利执法，让执法既有力度又有温度，做到执法要求与执法形式相统一、执法效果与社会效果相统一。

（三）坚持法治国家、法治政府、法治社会一体建设

法治国家、法治政府、法治社会，是建设法治中国的三个主要方面，缺少任何一个方面，全面推进依法治国的总目标都不完整，不能顺利推进，也就无法实现。这三者不能独立、分开来看，它们之间是相互联系、内在统一的关系。关于这三者的关系，习近平总书记指出："法治国家、

---

① 《习近平关于全面依法治国论述摘编》，中央文献出版社 2015 年版，第 60 页。

法治政府、法治社会三者各有侧重、相辅相成，法治国家是法治建设的目标，法治政府是建设法治国家的主体，法治社会是构筑法治国家的基础。"① 因此，在全面依法治国进程中，必须将法治国家、法治政府、法治社会建设同步规划、同步实施、一体建设。

第一，建设法治中国，必须率先突破法治政府的建设任务。2021年8月，中共中央、国务院印发了《法治政府建设实施纲要（2021—2025年）》（以下简称《实施纲要》），确立了2021—2025年法治政府建设的总体目标。《实施纲要》指出：政府行为要全面纳入法治轨道，着力实现行政执法水平普遍提升。把人民群众的满意度纳入执法评判的标准中去，努力让人民群众在每一个执法行为中都能感受到公平正义。法治政府建设是重点任务和主体工程，对法治国家、法治社会建设具有示范带动作用。各级政府承担着推动经济社会发展、管理社会事务、服务人民群众的重要职责，建设法治政府是建设法治中国的基本要求，是推进国家治理体系和治理能力现代化的重要抓手。建设法治政府不仅涉及行政立法、行政执法、执法监督，还涉及政府职能转变、行政体制改革、科学民主决策等内容；不仅要建设一切行政活动依法、合法、守法的政府，也要建设一切行政活动合理、科学、有度的政府。近年来，中央全面依法治国委员会办公室一手抓法治政府建设示范创建、一手抓法治政府建设督察，推动在规范行政决策程序、法规规章备案审核等方面出台有关条例规定，法治政府建设全面提速。但也要看到，这一领域仍然存在一些难啃的硬骨头，依法行政观念不牢固、行政决策合法性审查走形式等问题还没有根本解决。把握新发展阶段、贯彻新发展理念、构建新发展格局，我们要加快转变政府职能，坚持用法治给行政权力定规矩、划界限，完善行政决策合法性审查制度，规范决策程序，健全政府守信践诺机制，打造市场化、法治化、国际化营商环境，全面提高法治政府建设水平。

---

① 习近平：《论坚持全面依法治国》，中央文献出版社2020年版，第229—230页。

第二，建设法治中国，必须重视法治社会的建设任务。法治社会建设是法治中国建设的难点工程和重点任务。2020年12月，中共中央印发了《法治社会建设实施纲要（2020—2025年）》，明确提出建设信仰法治、公平正义、保障权利、守法诚信、充满活力、和谐有序的社会主义法治社会。两个实施纲要生动体现了坚持法治国家、法治政府、法治社会一体建设的指导思想和决策部署。习近平总书记强调，要强化依法治理，"培育全社会办事依法、遇事找法、解决问题用法、化解矛盾靠法的法治环境"①。建设法治社会既是全面依法治国的基础，也是一项长期工程，不能毕其功于一役，必须绵绵用力、久久为功。推动全民守法是建设法治社会的重要方面，如果一个社会大多数人对法治没有意识、对守法没有信心，就不可能建成法治社会。新时代，不论是人民群众对法治的新期待，还是现代传播技术的新发展，都对普法工作提出了新的更高要求。我们要推动普法工作与时俱进创新发展，在提高针对性、实效性上狠下功夫，制定实施好"八五"普法规划，落实"谁执法谁普法"普法责任制，善于运用新技术新方法，春风化雨、润物无声地提升全民法治素养。建设法治社会必然要求运用法治思维和法治方式推进社会治理，依法防范风险、化解矛盾、维护权益，营造公平、透明、可预期的法治环境。人类社会发展的事实证明，依法治理是最可靠、最稳定的治理。我国有14亿多人口，素有"以和为贵"的文化传统，国情决定了我们不能成为"诉讼大国"。我们要推动更多法治力量向引导和疏导端用力，完善预防性法律制度，坚持和发展新时代"枫桥经验"，健全社会矛盾纠纷多元预防调处化解综合机制，推进市域社会治理现代化，消未起之患、治未病之疾，促进社会和谐稳定，形成符合国情、体现时代特征、令人民群众满意的法治社会建设生动局面。

---

① 习近平：《论坚持全面依法治国》，中央文献出版社2020年版，第230页。

三、中国特色社会主义法治体系和社会主义法治国家的融汇关系

（一）以实现依法治国目标为统摄

实现全面依法治国，需要在中国特色社会主义法治道路指引下，把握好社会主义法治体系和社会主义法治国家这两个基本维度，两者统一于依法治国的总目标，从不同的视域、以不同的定位分别阐述了依法治国的深刻内涵。其中：社会主义法治体系是依法治国的主要标志，呈现出立体、有机、动态的特点；社会主义法治国家属于结果形态的范畴，是对于依法治国总目标的抽象表达。

1. 社会主义法治体系是依法治国的主要标志

法律是治国之重器，良法是善治之前提，中国特色社会主义法治体系是国家治理体系和治理能力的重要依托，是中国特色社会主义制度的法律表现形式，建立并不断完善中国特色社会主义法治体系，是实现全面依法治国的必然要求。中国特色社会主义法治体系是一个广义的、具象化的理论框架，是一个完整而全面的系统，它包括一整套由宪法和法律规定的国家治理现代化的制度体系。

从中国特色社会主义法治体系的内在逻辑看，其以坚持党的领导为前提，以坚持中国特色社会主义制度为根本，坚决贯彻中国特色社会主义法治理论，实现了依法治国和依规治党的有机统一，并从规范、实施、监督、保障、党内法规等层面统筹法治工作，突出了法治的全面性。在其严密的内在逻辑指引下，依法治国各项具体工作拥有了正确的政治方向和科学的方法论体系支撑，并得以顺利开展。

从与"五位一体"总体布局的对应关系看，中国特色社会主义法治体系将法治理念贯彻到了治国理政的各环节和改革发展的全过程，从而形成了系统的工作布局，让法治得以涵盖经济社会发展的各领域，确保了一切

国家机关、社会组织和个人在其中任何领域的行为都必须在法治的轨道上进行，由此为法治建设提供了宏伟蓝图，为推进国家治理体系和治理能力现代化拓展了实践路径。

从法治的各个环节看，社会主义法治体系以法治各环节为轴形成了一套法治运行与操作的规范化程序，实现各环节之间彼此衔接、结构严整、运转协调的有序状态。法治各环节是中国特色社会主义法治体系展开的立足点，唯有将各项理论和制度最终落实到所对应的法治环节，才能充分发挥社会主义法治体系的实际效用。

综上所述，中国特色社会主义法治体系是一个统领性的概念，是基于中国特色社会主义法治理念而创设的一套系统的依法治国方法论，它立足于法治各环节，依照"五位一体"总体布局的要求进行法治工作布局，从而形成了体系化的法治模式，为各项具体法律制度的构建打下了坚实基础。社会主义法治体系是对于依法治国总目标的具体凝练，是实现依法治国的主要标志，一个实行法治的国家，必然拥有一套完整而成熟的法治体系。

2. 社会主义法治国家是依法治国的结果形态

"社会主义法治国家"早在1996年即被提出。党的十八大以后，习近平总书记明确提出"法治中国"的科学命题和建设法治中国的重大任务。党的十八届三中全会把"推进法治中国建设"上升为党中央的正式决定。"法治中国"作为"法治国家"的升级版、拓展版，更加丰富和深化了"法治国家"的内涵，标志着社会主义法治国家的理论体系得到了进一步完善，同时也对法治建设工作提出了更高的要求。中国特色社会主义进入新时代后，我们更需要将全面推进依法治国作为一项系统工程，在系统谋划、把握重点、统筹推进的工作基调上，坚持法治国家、法治政府、法治社会一体建设。

依法治国的实现，其最终表现即法治国家的建成，也就是让法治成为治理国家的主要手段，用法治智慧来引导人民群众当家作主。在今天的中国，加快推进法治国家建设，实际上就是要以法治取代人治，充分发挥法治的优势，完善和发展社会主义政治文明，以法治力量推动社会主义现代化强国的建成。因此，社会主义法治国家不仅被看作依法治国总目标的抽象表达，也是一切法治建设工作所期望实现的最终结果。

3. 社会主义法治体系和社会主义法治国家的统一性

社会主义法治体系和社会主义法治国家是依法治国总目标的两个维度，两者分别以具体凝练和抽象表达的方式呈现了依法治国总目标的主要标志和结果形态，是相互促进、不可分割的两个概念，在法治建设中具有高度的统一性。正确认识和充分把握两者的统一性，是科学开展法治建设工作的必要前提，更是实现全面依法治国目标的必然要求。

作为对于总目标的描述，社会主义法治体系是较为具体的，它以五大子体系为核心内容，以各项具体法律制度为支撑，贯穿法治的各个环节，提纲挈领地指出全面依法治国的着力点，为全党和全国各族人民提供了一套科学可行的法治建设方法论，可以作为总揽全局、协调各方的总抓手。相对而言，社会主义法治国家的描述具有更强的宏观性、概括性、抽象性，不如社会主义法治体系一样容易把握。但万变不离其宗，社会主义法治国家实际上是以结果形态的方式对依法治国所进行的简化表述，从语言上反而更加浅显易懂，为中国人民描摹出了一幅"科学立法、严格执法、公正司法、全民守法"的法治中国图景，提振了法治建设的信心。由此，法治建设是一项系统性的复杂工程，需要充分把握社会主义法治体系和社会主义法治国家的统一性，在此基础上采用统筹兼顾的方法，努力实现全面依法治国。

（二）以社会主义法治体系为前提

为了发挥法治在国家治理和社会管理中的重要作用，必然要认真贯彻社会主义法治体系的内容，以中国特色社会主义法治理念为指引，以各项具体法律制度为抓手，全方位重点推进法治建设工作，以此促进社会主义法治国家的建成。

1. 社会主义法治国家的建成标志

法治国家的主要表现是以法律理性和法律制度来管理国家事务，让宪法和法律成为公共治理的最高权威，并在民主和法治基础上实现国家治理的现代化。社会主义法治国家背景下的社会主义法治体系，与国家治理现代化的要求相适应，正是现代国家治理所必需的要素：社会主义法治体系下的各项法律制度是人民意志的集中体现，保障了人民的主体地位，构成了现代国家法治的合法性基础；完备的法律体系为国家机关、社会组织和公民的行为提供了基本的法律遵循，有利于充分实现法律制度对于社会行为的规制功能，起到了良好的指引、评价、预测、教育和强制作用；在坚持宪法和法律的最高权威基础上，通过科学、民主的立法程序与审议程序，国家的法律体系还具有科学性和合理性，能够反映社会生活的切实需要，响应人民群众的呼声，体现法律的公平正义，发挥法律的综合治理作用。民主思想指导着法治工作，而有了法治的切实保障，民主才得以被深入贯彻和发扬光大。在民主和法治的相互作用下，国家治理现代化的基础俨然形成，国家将通过更有力的手段来实现社会管理、提供社会服务、保障和改善民生。因此，一个成熟的法治国家必然是实现了民主和法治相结合的国家，并且在此基础上实现了国家治理体系和治理能力的现代化。

2. 社会主义法治体系为社会主义法治国家建设提供完整路径

社会主义法治国家是一种对于目标的抽象表述，其建设工作的具体展开，必须依靠一个科学、民主的社会主义法治体系，建立在客观、完整的方法论基础之上。社会主义法治体系是建设法治国家的基本依托，它为社会主义法治国家的建设提供完整路径，这种路径是一种宏观的、递进式的、层次分明的方法论体系，主要体现于以下层面：社会主义法治体系以"五位一体"总体布局为蓝图，为社会主义法治国家指明建设方向，使得法治建设能够从经济社会发展的全方位出发并统筹展开；社会主义法治体系以其五大子体系为内在逻辑，为社会主义法治国家构筑建设框架，系统涵盖规范、实施、监督、保障、党内法规等要素；社会主义法治体系以法治建设各环节为立足点，为社会主义法治国家提供建设方案，将理论与制度落实到立法、执法、司法、守法等各具体环节。

（三）以社会主义法治国家为保障

社会主义法治体系为社会主义法治国家的建设提供完整路径，而当社会主义法治国家建成后，社会主义法治体系的运行亦将变得更有保障。社会主义法治体系的具体内容并非一成不变，而是随着客观世界的变化而不断发展和完善的，在这种动态演变中，其运行需要有最基本的社会基础，而社会主义法治国家能为其顺利运行筑牢社会基础，并为其创新和升级提供坚实后盾。

1. 社会主义法治体系的运行机理

社会主义法治体系的运行需要以国家和社会为平台，脱离了国家和社会，社会主义法治体系将难以找到自己的目标定位。首先，从系统谋划层面讲，社会主义法治体系是"四个全面"战略布局的其中一环，同时也是建立在"五位一体"总体布局的顶层设计上的，其立足于中国社会发展的宏伟蓝图，具有宏观性、体系性、完整性。其次，从体系内容层面讲，社会主义法治体系的五大子体系来源于国家法律实践和社会法治生活，是对法治模式的抽象概括，是对现实社会的集中凝练以及法治内在逻辑的深层次思考。最后，从法治中国建设方针的层面讲，社会主义法治体系的运行实际上是把方法论集成落实到了立法、执法、司法、守法四大具体环节上，这种方式仍然是源于社会的，通过具体环节而将抽象的法治理念类型化、立体化，最终以法律制度的形式在不同环节将法治的各大标志分别表达出来。在立法环节，注重科学立法；在执法环节，强调严格执法；在司法环节，重视公正司法；在守法环节，实现全民守法。

2. 社会主义法治国家为社会主义法治体系运行筑牢社会基础

现阶段我国法治建设的最终目标是建设社会主义法治国家。从狭义上说，法治国家的表现是以法律理性和法律制度来管理国家事务，让宪法和法律成为公共治理的最高权威，这就要求国家权力由宪法和法律赋予，并按照法律程序行使国家权力，对行为和结果承担相应法律责任。从广义上说，法治国家是一种泛化的形态表述，依法治国的根基在人民群众，基层治理是依法治国的基石，一个实现法治的国家必然拥有良好的法治社会基础，一个拥有良好法治氛围的社会才能支撑起一个法治国家，法治社会是法治国家的社会基础，也是法治国家所必然要具备的一个要素。社会主义法治国家对社会主义法治体系运行的基本保障作用，也是通过社会这一层级而实现的，具体表现即是其能够从人民当家作主的社会、高速发展的社会生产力、和谐稳定的社会环境、良好的社会法治氛围、社会活力与秩序的辩证统一五个方面，为社会主义法治体系筑牢社会基础。

四、正确把握全面依法治国的辩证关系

推进全面依法治国是国家治理的一场深刻变革，处在新的历史环境背景下，结合中国国情，坚持以习近平同志为核心的党中央对新时代中国特色社会主义道路的指导，把思想贯穿在与法治相整合的全面国家进程中，坚决追求中国社会主义宪法道路，推进法治，确保现代社会主义国家法治建设稳定。全面依法治国这一基本方略在建设社会主义法治国家中具有突出战略地位。然而，马克思唯物辩证观揭示了事物发展的本质规律。一个整体事物，是由多个内部要素有机组合而成，并且事物内部各要素之间并非同步发展，可能存在部分要素呈上升趋势，而部分要素停滞不前，甚至呈倒退趋势。因此，面对全面依法治国这个系统性伟大工程，更应准确平衡各要素间的发展，处理好"协同"与"不协同"之间的矛盾，从而推动整体的发展。当立法不和谐的一面发展到一定程度，就不可避免地需要全面平衡，使薄弱环节得到加强和配合。全面依法治国必须正确处理政治和法治、改革和法治、依法治国和以德治国、依法治国和依规治党的关

系，这为正确理解全面依法治国的辩证关系提供了科学的指引。

（一）正确把握政治和法治的关系

所有法治形式背后都有很多政治理论，所有法治模式都有政治逻辑，所有法治道路都有政治立场。而坚持政治和法治相衔接，必须结合中国实际情况，从国情出发，既不照搬他国模式，邯郸学步，也不墨守成规，而是坚持走具有中国特色的社会主义道路，建设法治国家。政治与法治的关系主要表现在党与法治的关系上。因此，必须正确处理党与法治的关系，明确党的领导作用是促进全面法治的根本保证。

1. 集中体现为党和法治的关系

党和法治的关系是根本问题。如果处理得好，法、党和国家就会繁荣；如果处理不好，法、党和国家就会衰败。如果我们想要弄清这个问题，就要结合中国实际来理解。首先，我们党自成立以来，对建立法制非常重视。在新民主主义革命时期，我们党制定了《中华苏维埃共和国宪法大纲》以及多数法律和命令，制定了"马锡五审判方式"，为建立新的法律制度积累了实际经验。在社会主义革命和建设时期，我们党建立了社会主义法律框架体系，引导人们制定了一系列重要法令，如宪法、国家机关组织法、选举法和婚姻法，确立了社会主义司法制度。在改革开放和社会主义现代化建设新时期，我们党制定了"有法可依、有法必依、执法必严、违法必究"的方针。以宪法为核心的社会主义法制制度逐渐出现。历史的变革，表明我国的法制是在党领导人民的过程中建立发展起来的，也反映出党和法治的关系。其次，党的十八大以来，习近平总书记在面对党和法治这一组问题上，从理论联系实际、历史与现实结合的角度，说明了党与法治的关系，保证了全面依法治国向正确的方向移动。同时，习近平总书记反复强调"党大还是法大"是个伪命题。需要明确的是，党的领导和依法治国不是对立的，而是统一的。坚持中国特色社会主义法治道路，最根本的是坚持中国共产党的领导。最后，党的十八大以来，加强党领导立法、执法、司法和守法，把全面法治纳入"四个全面"战略布局，从本质上形成全面法治的整体模式。中国共产党是全心全意为人民服务的党。它领导人民制定反映其意志的法律制度，在立法、执法、司法、守法全过程中发挥主导作用，是推进法治体系建设这个"总抓手"向前迈进一大步的助推器，是实现全面法治的核心，最终建成具有中国特色的法治国家。

2. 坚持党的领导是推进全面依法治国的根本保证

法治必须坚持党的领导，党的领导必须依靠法治。在我国，党的意志与法律的意志是一致的，都反映了人民的意志。一方面，作为执政党和为人民服务的党领导人民制定实施宪法和法律；另一方面，党不能脱离宪法，必须在宪法范围内活动。正如习近平总书记在省部级主要领导干部学习贯彻党的十八届四中全会精神全面推进依法治国专题研讨班上的讲话中强调的："全党在宪法法律范围内活动，这是我们党的高度自觉，也是坚持党的领导的具体体现，党和法、党的领导和依法治国是高度统一的。"这从理论和实践的角度证实了二者的有机统一。不仅如此，我国宪法主张，只有明确党的领导地位，推进在党的领导下依法治国的目标，才能切实实现人民是国家主人的本质，人民才能在参与国家治理中不断协助全面依法治国的实现，法治化才能有序推进。回顾历史，我国的国家制度与西方国家和其他社会主义国家不同，根本区别在于中国共产党的领导能力。得益于党的领导才能，中国在法律制度建设方面取得了丰硕成果，才能在世界之林中展现大国风范，才能让人民群众的生活得到日益提高。党的领导是中国特色社会主义制度最大的优势。"党政军民学，东西南北中，党是领导一切的。"这句话深入人心，足以表明中国共产党在人民心中的认可度极高，执政基础牢固，这也确保了由党来推进全面依法治国的建设是民心所盼，万众期待。在全面依法治国的进程中，党不是随意说说，而是实打实地在有所作为，有所行动。例如，在党领导国家的历史进程中首次成立中央全面依法治国委员会。该机构的成立，促进法治的全面规范，显示党的重要作用，以加强党的中央委员会在立法、执法、司法和守法方面的主要作用，推动社会法治化。

（二）正确把握改革与法治的关系

在全面依法治国进程中，必须妥善处理改革和法治的关系，促进改革和法治相互配合，促进法治下的改革，改善法治在改革中的作用。习近平总书记在中央全面深化改革领导小组第六次会议上的讲话中指出："要实现立法和改革决策相衔接，做到重大改革于法有据、立法主动适应改革发展需要。"二者相伴而生，改革的同时伴随着法治的变革，二者相互配合，共同促进全面依法治国这个伟大目标实现。

1. 在法治下推进改革

党的十一届三中全会具有划时代的意义，它开放国门，大刀阔斧地进行改革，前所未有之变局开始了。需要明确的是，中国改革绝不是西化的"变革"，而是要回答"改变什么"的根本问题。然后，确立正确的改革方向，又必然要求旗帜鲜明地使改革服务于捍卫中国之制的社会主义底色。作为超越资本主义"掠夺式发展"的文明形态，中华民族使它沿着社会主义道路发展。我国改革开放40多年来经历了三个伟大飞跃，其目的就是要建立一个责任政府的治理体系，让人民群众共享改革红利。同时，总结中国崛起的经验，无论是坚持改革和解决问题的原则，还是继承优秀的中华传统文化，最终也都归总于中国特色社会主义制度。

因此，在法律全面统治国家的背景下，我们应该在法律的规范下进行改革。首先，改革蕴含法治精神。在进行改革任务时，其具体工作应与法治精神契合，而不能远离法治，脱离法治，并且在进行改革时应明确其核心目的，那就是为了人民，造福人民，促进社会的进步。若在改革进程中，只是一味地将不适应的政策、规则等进行修补，而不将核心目的纳入思考的范围，那将无助于创造更公平的社会环境，不能提高人们的幸福感，改革也将失去意义。因此，我们应将群众幸福感和社会公平正义作为参考因素，当政策规则与社会公平正义无法契合时，那么就需要改革。除此之外，在改革过程中，应该运用法治思维和方法，引导依法改革。

其次，改革要于法有据。改革不仅要符合实际需要，更应在法治体系框架下进行，在宪法和法律允许的范围内行动。譬如，社会生活中的某一政策不符合当时实际情况的需要，就要对其进行改革，使之与情况相符。但是，如果涉及改革的内容是与法律规定有冲突，甚至是法律所禁止的，那么则应严格遵循法律规定，在改革决策时就应与立法相统一，从一开始就降低矛盾的比重，做到改革与法治同步推进。具体而言，在法律框架下进行改革：在实践中证明其有效的，经法定程序上升为法律，推动社会发展；证明条件不够的，则先进行试点或授权；对阻碍社会发展的政策规则，应及时修改废止。

最后，法治为改革保驾护航。要把全面依法治国作为战略布局的法律武器，提供法治保障。法治为改革提供保驾护航的作用体现在两个方面：一方面运用法律的强制力、权威性，保障改革政策得以实施，得以推行；另一方面，政策的制定依靠法律将其固定下来，使其效力扩大。法律是社会的安定化，在改革的重要时期尤其重要。特别是随着改革进入深水区，社会变迁和矛盾越来越明显，经济发展和社会发展中积累的各种问题，触及了根深蒂固的矛盾和对立。只有依靠法治，才能从根本上推动这些矛盾和问题的解决，确保各项改革顺利进行。同时，在改革过程中，将改革的成果和成功经验及时概括，并把它落实到法律上来，把它固定在法律形式上，我们才能减少工作的随机性，加强标准化，确保开放性，为实施改革要求提供保证。

2. 在改革中完善法治

新中国成立以来，特别是改革开放 40 多年来，不断在改革中推动法治的完善，形成了以宪法为核心的中国特色社会主义法治，严格执法、公正司法以及全体人民守法取得突出成效。法治国家、法治政府、法治社会一体建设的工作布局完全确立，社会主义法治精神逐渐深入人心。例如：简政放权、行政审批推动行政行为改革；市场经济的门槛改革，推动外商投资法的确立；生态环境改革，推动环境公益制度的发展；国家监察体制改革催生监察法。推进法治中国建设是全面深化改革的重要组成部分，而具有中国特色的社会主义法治体系也需要改革。没有可靠的制度信任，就没有勇气全面深化改革。当前，从形成更加成熟、更加定型的制度这一观点来看，中国社会主义实践的前半程已经走过了。前半程，我们的主要历史任务是建立社会主义基本制度，并在此基础上进行改革。后半程，则是完善和发展中国特色社会主义制度，为党和国家事业发展提供更完善、更稳定、更有效的制度体系，进而保障人民的幸福、社会和谐安定和国家的长治久安。

在改革开放初期，国家的法制建设非常不完善。改革勇敢前进，在计划经济体制下取得了大胆的划时代的进步，对构建法制体系提出了新的要求。在改革的强烈推动下，1982年我国颁布了新宪法，持续发行了民法通则、专利法、商标法等对社会主义市场经济做出贡献的一系列法律法规，法制建设取得巨大成就。党的十四大明确了建立社会主义市场经济体制的改革目标，对法治建设作出新的战略部署。具体而言，市场经济基本上是受法律支配的经济，把法律作为宏观支配和微观限制的主要手段。社会主义市场经济体制的确立必然需要系统性、整体性、全局性的改革，进而完善法治。在这一阶段，经济、政治、文化、社会、生态的制度改革和党建规划制度活跃起来，具有中国特色的社会主义制度引人注目。随着改革过程的深化，法治建设也加深了。党在领导国家的过程中，逐步确立了依法治国的基本战略立场，建设具有中国特色社会主义的法治体系。在此背景下的政府建设稳步推进，司法制度不断改善，整个社会对法治的认识显著加强，中国特色社会主义法治道路得到持续发展。改革开放进入全面深化阶段，与此同时，法治的构建也处于综合推进全面依法治国进程中。然后，随着目标的持续发展，要求也随之提高。在改革随着社会进程的不断深化，提出了更高更新的要求，在此基础之上，法治建设也取得了巨大成就。例如，推动生态文明体制机制的改革、加快社会事业领域改革和深化民营经济创新改革等多个领域的改革，引发了法治建设中各项法治工作的调整与变化，从地区试点，到法律法规授权，再到由法律来确定该领域的法治工作，确保深化改革的同时，推进法治建设的进程，从而实现全面依法治国。

习近平总书记指出："当前，法治领域存在的一些突出矛盾和问题，原因在于改革还没有完全到位。"① 要聚焦一切法律制度、一切执法决策、一切审判案例，深化司法制度全面改革，加快建立公正高效权威的社会主义司法制度。第一，要改善社会公平正义的法律保障制度，加强权限管理和监督；第二，要确保执法和司法的各环节和全过程都在有效限制和监督下进行，确保更加系统化和标准化；第三，加快建立高效执法司法限制和监督体系，优化法律人员培训制度，深化执法机关和司法人员管理体制改革，加强政法队伍管理教育和培养，为建设社会主义法治国家提供有力的组织保障；第四，在法治领域促进改革，解决立法、执法、司法和守法问题，推进平稳运行；第五，深化司法责任制度，全面支持深化改革，争取在一切司法案件中公平公正地对待人民群众；第六，继续纠正冤假错案；第七，加强扫黑除恶，坚决取缔黑恶势力和他们的"保护伞"，使社会更加稳定，使群众更加切实感受到公平正义；第八，促进社会主义民主政治的制度化、标准化和程序化，使人民能够依法处理各种事务，确保和平、发展和统一的政治局势的稳定。

（三）正确把握德治和法治的关系

法律和道德是现代国家统治的两种不可缺少的手段。习近平总书记在中央全面依法治国委员会第一次会议上的讲话指出："要坚持依法治国和以德治国相结合，实现法治和德治相辅相成、相得益彰。"法律和道德包

---

① 习近平：《坚持走中国特色社会主义法治道路 更好推进中国特色社会主义法治体系建设》，《求是》2022 年第 4 期。

括规范社会行为、协调社会关系和社会秩序维持的功能。二者在国家统治下有自己的地位和功能。法律的有效实施有赖于道德支持，道德践行也离不开法律约束。国家治理需要法律和道德的共同作用。法治与德治的关系必须妥善处理，加强法治在体现道德概念、促进道德建设上的法律作用，加强法治文化中的道德作用。也就是说，法治和德治互相补充、互相支持。在坚持依法治国的同时，不忽视国家治理中道德的教化作用，共同推动社会主义法治国家的建设。

1. 道德是基础，法律是保障

法律的产生是基于一定的道德背景的。法律的制定在伦理上是正当的。重要的基本伦理原则是法律规制的主要源泉之一。如果不追求伦理原则，法律就有可能成为独裁和奴役的工具。

首先，法治的重点在于人们的外部行动，德治的重点在于人们的头脑世界。法律本身不能实施，不管法律有多好，也需要行为人去实施执行。最终分析表明，制定和实施法律是人类活动的过程，法律的支配是由人们实现的。若法治不是由人来执行，那就不存在法治。其次，实现法治，必须依靠社会成员的一般认识和有意识的合规。如果没有高道德标准，那就不容易实施好的法律，无论多么严格的法律，都会被钻空子。最后，现实要求我们在意识形态和道德方面遵守纪律和法律，确保对一切违反法纪的思想和行动进行斗争。如果社会上大部分成员的思想意识和道德质量低，无论法律多么严格，也不能从根本上解决社会秩序、管理和长期稳定的问题。

法律是国家对于人民群众最低的道德要求，是不可触碰的底线、红线，而道德是对人民群众更高层次的期许。没有德治的法律没有根据。道德是基于法律的强制力，确保最终结果。只有在尊重法治下反省道德观念，道德才有可靠制度的支持和刚性的制约。从我国实践表明，立法主体将代表最广大人民群众的根本利益的法律愿望上升至法律，才能与人民当家作主这一本质要求相契合，它代表了国家绝大多数人的基本利益，有利于获得人民群众的满意，进而获得人民群众的支持。因此，与法治相比，德治更具基础性。而法律的约束对道德实践至关重要，法律是保障最基本道德的有力武器。作为一种他律，法律的主要功能是"惩罚"，"扬善"尤其取决于道德自我纪律。因此，在"说服善"的观点上，法律同时需要道德的支持，因其自身的先天缺点和不足。法律的创造和操作同样必须遵循正确的意识形态和道德观念。道德主要由众人舆论、习惯和内在信仰所驱动，其强制性的弱点是可想而知的。

因此，在立法方面，法律必须确立明确的道德指导，必须推进美德和正义，促进社会主义道德合法化，将社会实践中认同度高、具可操作性的道德规范，依据法定程序将其上升为法律，用更强硬的手段去规制人们的行为，加强对社会文明行为的赞扬以及惩罚不道德的行为，树立更强的法治意识。然后，引导整个社会重视道德修养，为全面依法治国提高道德基础。在执法司法方面，要反映社会主义道德的要求，严格执法，宣扬真善美，破解假恶丑，坚持公平正义，让违法乱纪的人付出代价，充分发挥司法调整功能。在守法方面，要密切结合公民道德建设项目和全民法律的普及，使普法守法作为法治工作的基本工作，使全体人民成为社会主义和法治的忠实支持者。同时，我们应该引导广大群众深入精神文明的创造，有意识地实践社会主义核心价值。

在优化依法治国与以德治国相结合的过程中，应注意二者的互相作用。一方面，通过道德营造良好的人文环境，提高整个社会的文明程度，最终实现法治的规范作用。具体而言，第一，在道德体系中反映法治的要求，在法治中发挥道德的崇高作用，努力建立、协调和促进符合社会主义法律规范的道德体系。第二，要强调道德教育中法律规则的意义，注意培养人们的法律信念，认识法治的概念和规则，引导人们承担法律义务、社会义务和家庭义务。第三，在法治建设中增强道德要求。只有在道德观念被法律支配的时候，道德才能有可靠的规则支持。

另一方面，为了解决道德领域的显著问题，应该使用法律手段。法律是道德的最低要求，是道德的保证。第一，要加强适当的立法工作，明确对不道德行为的惩戒处分。第二，加强依法反映群众强烈不道德行为的整顿。对于失信问题，建立覆盖整个社会的信用调查系统，实施诚信褒奖和失信惩戒机制。第三，加强执法，如对明知制假售假行为严厉打击，让道德败坏之人受到惩处。

2. 法治德治两手抓

我们党在总结中国特色社会主义建设正反两方面经验的基础上，把法治作为国家治理的基本方略之一，融入"四个全面"战略布局，走上了中国特色社会主义法治的道路。坚持依法治国和以德治国相结合的原则，强调两手抓、两手硬。

在制定法律过程中，在面对社会认同感强，且具有可操作性的道德规范时，可依据法定程序，将其转化为法律规范，成为扩充法律规则的一个渠道来源。但这也反映出法律规则承载着道德理念，体现特定的道德追求。我们可以用法律手段解决道德领域的突出矛盾，促进社会整体道德质量的提高。

作为不同的社会现象和行为的规范，法律和道德有着不同的特性和功能。第一，法律对主体的行动进行调整和评价；道德不仅调整主体的客观行动，使其标准化，还调整和评价主体的主观思考。第二，法律主要依赖于国家的强制力，以确保其实施；而道德依赖于内部信念和舆论进行规范。第三，法律和道德的调整深度和幅度不同，道德对社会关系的调整是更广泛的。

一般来说，如果法律不适合调整和干涉，那么道德就需要调整和介入。国家的统治离不开法律和道德两方面。一方面，法律合理安排各种资源，确保政治决策的民主化和科学化。使用国家的强制力，及时解决各种矛盾和争论，它可以有效地破解各种危及国家和社会的破坏性活动。另一方面，道德可以利用内在意识防止各种各样的恶念和社会的混乱，甚至可以限制人们特定欲望，也可以减少他们的利益纠纷，加强人们的团结，以此为法律提供有力支持、合作和协调。这表明，"法治"和"德治"是实现国家长期稳定的需要和保障。坚持法治和德治相结合，是中国特色社会主义法治道路的一大优势，应将"法治""德治"两手抓，共同维护国家的长治久安，促进依法治国全面治理进程，实现建设法治社会主义国家的总目标。

第二章　全面依法治国总目标的确立

一、依法治国探索期：由"以法"到"依法"

早在新民主主义革命时期、社会主义建设时期等依法治国的先期探索阶段，我们党就已经领导人民进行了一定程度的法律制度建设的努力和尝试，并逐步完成了从"以法治国"到"依法治国"的转变，为全面依法治国总目标的提出提供了初期经验。

（一）新民主主义革命时期法制建设

在新民主主义革命时期是法制建设的草创阶段，中国共产党领导人民进行了一系列立法活动并积累了一些法律实施经验。[①] 这一时期，中国共产党领导人民进行革命斗争和切实维护广大人民群众的根本利益、探索适合中国国情的正确道路的同时，也认识到法律制度的重要性并开展一系列法制建设活动。如1921年，中国共产党成立时通过的《中国共产党纲领》明确追求民主与法制的主张；1928年，党领导人民并结合实际制定了《劳动法大纲》《井冈山土地法》《中华苏维埃共和国宪法大纲》《中华苏维埃共和国土地法》以及组织制度、选举、婚姻等相关法规制度，形成了

---

① 参见张立伟《论习近平法治思想中以人民为中心的法治观及其理论逻辑》，《中国应用法学》2022年第2期。

革命时期初步的法律体系，探索建立起体现自由、平等、人权和广大人民群众利益的法律制度。由此可见，即便是时局动荡、战争频仍的时期，我们党也重视法律的制度作用并因地制宜地探索制定出符合发展实际、反映和维护人民切身利益的法律制度，确保法制建设始终在正确的轨道上运行，这是马克思主义法学基本理论与中国革命实际相结合的产物，也是新民主主义革命时期法制建设的巨大成就。①

（二）新中国成立后至改革开放前的法制建设

从新中国成立到党的十一届三中全会召开的这段时期，党领导人民进行社会主义法律制度建设，为社会主义法律制度实践积累了很多有益沉淀，留下了法制建设的多方面经验，这一实践历程成为依法治国道路上前期探索的重要组成部分。1954 年 9 月召开第一届全国人民代表大会通过新中国历史上的第一部宪法，即"五四宪法"，从而把国家的基本制度以根本大法的形式固定下来，对国家的根本政治制度、政权组织形式等作出了科学完备的规定，创建了体现社会主义又结合中国国情的国家法律制度。②质言之，从新中国成立到 1956 年前后，中国共产党带领中国人民不仅实现了国民经济的恢复、完成了"三大改造"，而且成功制定了"五四宪法"、召开了党的八大，对社会主义法制建设进行广泛探索，初步建立了社会主义法律体系。尽管后续特定时期中社会主义法制建设受到了阻碍，但总的来说，这一时期法律体系的建设仍旧取得较大成就。这一时期是中国共产党把马克思主义法律思想同中国实际广泛结合而制定各类基础性法律的时期，如行政类的政务院及所属各机关组织通则、土地改革法、民族区域自治实施纲要，涉及民事关系和司法裁判的婚姻法、人民法院暂行组

---

① 侯欣一：《全球史视域下的中国共产党法治实践概说》，《人民论坛·学术前沿》2022 年第 1 期。

② 封丽霞：《中国共产党领导立法的历史进程与基本经验——十八大以来党领导立法的制度创新》，《中国法律评论》2021 年第 3 期。

织条例、各级人民检察署组织通则等一批重要的法律法规和制度文件，为后续的法制建设提供了坚实基础。[①]

1954 年 9 月，以"五四宪法"为核心，全国人大又随之制定了全国人民代表大会组织法、国务院组织法、人民法院组织法、人民检察院组织法等涉及国家机关组织架构的法律法规。与此同时，刑法、刑事诉讼法、民法等基础性的法律也在起草审议方面取得快速进展。[②] 这一时期逐步确立了人民司法的理念，进一步巩固和加强了党对司法工作的领导。[③] 在这之后的特定时期，我国的法制建设经历了一定时期的曲折发展，直至党的十一届三中全会后，法制建设才步入更为科学规范的轨道。

（三）改革开放后的法治建设

改革开放以后，国家法律制度建设和运行的重要性日益凸显，而对于在国家和社会治理中究竟是用"法制"还是"法治"、"以法治国"还是"依法治国"，亦存在一定争论。虽然"实行社会主义法治"的提法在改革开放之初就出现了，但在其后的国家和社会治理实践中，使用更多的还是"社会主义法制"这一概念。依法治国的提出和发展，不仅在词义上经历了从"法制"到"法治"的转变，更在制度和理念层面完成了"以法治国"到"依法治国"的深刻转变。从党的十四大到党的十六大召开前后，这一时期立法工作不断加强、立法质量不断提高，中国特色社会主义法律体系构建进入了以"初步形成"为目标、以适应社会主义市场经济体制发展为重心的发展阶段。

1996 年 2 月 8 日中共中央举办中央领导同志社会主义法制建设讲座并研究"关于依法治国，建设社会主义法治国家的理论和实践问题"，指出

---

① 俞可平：《中华人民共和国六十年政治发展的逻辑》，《马克思主义与现实》2010 年第 1 期。

② 张志铭：《中国法治进程中的国家主义立场》，《国家检察官学院学报》2019 年第 5 期。

③ 李龙、彭霞：《历史、价值与条件："司法防线"命题的三个面向》，《湖南社会科学》2018 年第 5 期。

"依法治国"的含义是"在党的领导下，依照宪法和法律的规定，管理国家事务"，而依法治国的主要目标则是"逐步实现社会主义民主的制度化、法律化"；1997年，党的十五大召开并将"依法治国，建设社会主义法治国家"写入大会报告，由此"依法治国"成为党的治国方略。大会提出要把中国建设成为一个"社会主义法治国家"。与历次党代会对"法制"抑或"法治"问题的表述、论述相比，党的十五大对"依法治国"相关问题的表述更为规范、论述更为清晰，首次把"依法治国，建设社会主义法治国家"作为党领导人民治理国家的基本方略；2002年，党的十六大则进一步提出要善于把坚持"党的领导、人民当家作主和依法治国"统一起来，不断提高我们党依法执政的能力水平，这是党的领导方式和执政方式的一次重大变革，体现出鲜明的与时俱进的中国特色。2007年，党的十七大提出要全面落实依法治国基本方略，加快建设社会主义法治国家，在理论和实践两个维度都丰富和发展了中国特色社会主义法治道路的基本内涵，体现了中国共产党对推进依法治国的高度重视，对于在国家治理场域中推动法律从工具走向目的、法治建设从形式走向深入提供了丰厚的经验积累。

二、依法治国发展期：由"理念"到"制度"

在依法治国的提出与发展阶段，我们党领导人民以更加科学有效的方式进行，在完成了从"以法治国"到"依法治国"深刻转变的同时，也逐步实现了"法制"到"法治"的深刻转变，将法律制度建设和运行的种种"理念维度"深入落实到"制度维度"。

（一）中国特色社会主义法律体系初步形成过程

党的十一届三中全会明确指出，把完善社会主义民主和提高社会主义法制作为党的施政目标与重点，《中国共产党第十一届中央委员会第三次全体会议公报》第 4 条明确规定："为了保障人民民主,必须加强社会主义法制,使民主制度化、法律化,使这种制度和法律具有稳定性、连续性和极大的权威,做到有法可依,有法必依,执法必严,违法必究。"其中,"有法可依,有法必依,执法必严,违法必究"即为相当长的一段时期内我国法治建设方针,重新牢固树立法治思想理念,推进了社会主义民主和法制建设的进程。但在全会公报中,尚未采用"法治"一词,而是延续之前惯常采用"法制",即静态的制度之"制"而非动态的治理之"治"。这一期间,先后制定了关于打击犯罪、维护社会秩序的刑法、刑事诉讼法,调整民事商事关系的经济合同法、民事诉讼法、民法通则等法律法规,这是改革开放之后我国首次出现的立法高峰,各个法律部门均出现了一定程度和数量的法律创制。

1982 年 12 月 4 日,五届全国人大五次会议正式通过并颁布"八二宪法",通过对公民基本权利和国家组织机构基本原则的规定安排,奠定了依法治国的宪法基础,构设了改革开放以后我国法治建设基本的制度和法律框架。1996 年 2 月 8 日,中共中央举办中央领导同志社会主义法制建设讲座并研究"关于依法治国,建设社会主义法治国家的理论和实践问题",在此之后"法制"的提法逐步被更为规范、内涵更为丰富的"法治"所替代,树立起静态的制度之"制"到全方位多层次的法治之"治"理念。1999 年 3 月,九届全国人大二次会议对宪法进行修改,并将"依法治国,建设社会主义法治国家"的内容明确载入宪法,以宪法条款的形式规定"中华人民共和国实行依法治国,建设社会主义法治国家"。由此,"依法治国"正式进入国家的根本大法,标志着依法治国进入更为全面深入的发展阶段,"依法治国,建设社会主义法治国家"的法治观念深入人心,成为中国特色社会主义法治体系建设的重要概念。2011 年 3 月 10 日,在十一届全国人大四次会议上,全国人大常委会工作报告宣布,"以宪法为核心的中国特色社会主义法律体系已经初步形成",昭示着我国立法工作取得了举世瞩目的巨大成就,也意味着对依法治国提出了更高水平的要求。

（二）中国特色社会主义法治体系深化发展过程

党的十八大以来，党中央从实现执政兴国、人民幸福安康、国家长治久安的全局和战略高度，定位法治、布局法治、厉行法治，领导人民把社会主义法治建设的丰富实践和理论创新有机结合，谱写了新时代法治中国建设的恢宏篇章。党的十八大报告高度重视法治建设的重要性，重视党运用法治方式领导和治理国家能力，强调全面推进依法治国是全面建成小康社会和全面深化改革开放的重要目标，全面依法治国纳入"四个全面"战略布局统筹推进，强调"建设法治中国，必须坚持依法治国、依法执政、依法行政共同推进，坚持法治国家、法治政府、法治社会一体建设"。党的十八大报告在历次党代会报告中首次要求各级领导干部要善于运用"法治思维"和"法治方式"，要求提高各级领导干部运用法治思维和法治方式深化改革、推动发展、化解矛盾、维护稳定的能力。报告中提出的"法治思维""法治方式"等表述蕴含了党对领导干部法治能力的要求。党的十八大报告还明确提出要"推进科学立法、严格执法、公正司法、全民守法"，成为新时期法治建设的新"十六字方针"；还提出"坚持法律面前人人平等，保证有法必依、执法必严、违法必究"和"任何组织或个人都不得有超越宪法和法律的特权，绝不允许以言代法、以权压法、徇私枉法"等重要内容，体现了党的十八大以后全面依法治国进入新的发展阶段。

党的十八届四中全会专题研究全面推进依法治国重大问题，在中央历次全会的历史上属首次以"法治"为全会主题。全会明确提出，把"建设中国特色社会主义法治体系，建设社会主义法治国家"确定为全面推进依法治国的总目标。全会通过的《中共中央关于全面推进依法治国若干重大问题的决定》确定了全面推进依法治国的总目标，并旗帜鲜明地提出要"坚定不移走中国特色社会主义法治道路"，从而为中国法治建设的道路指明了前进方向，推动全面依法治国不断走向深入。

三、依法治国深化期：由"局部"到"全面"

全面依法治国总目标的提出和深化完善，经历了从"孕育"到"确立"，从"局部"到"全面"的持续发展。党的十八届四中全会通过的《中共中央关于全面推进依法治国若干重大问题的决定》将"建设中国特色社会主义法治体系，建设社会主义法治国家"作为全面推进依法治国的总目标。2021年11月，党的十九届六中全会指出，"在全面依法治国上，中国特色社会主义法治体系不断健全，法治中国建设迈出坚实步伐，党运用法治方式领导和治理国家的能力显著增强"；全会审议通过的《中共中央关于党的百年奋斗重大成就和历史经验的决议》（以下简称《决议》），在"四个全面"部分强调指出"全面推进依法治国总目标是建设中国特色社会主义法治体系、建设社会主义法治国家"。在全面依法治国深化期，党领导人民通过立法、执法、司法、守法等各环节建设社会主义法治体系，并根据全面推进依法治国现实情况需要将形式法治深刻转变为实质法治，将依法管理的理念升级转化为依法治理，从而为全面依法治国从局部升级为整体、从形式深入到本质，将依法治国提升到"四个全面"战略布局的高度。

（一）依法治国从"局部"迈向"全面"

坚持和推进全面依法治国总目标从"局部"迈向"全面"，进入深化完善阶段，可以将这一阶段的深刻变化概括为从"基本方略"转变为"基本方式"、从"法律体系"升华为"法治体系"、从强调"法律制度制定"转变为"确保法律实施"、从"重点领域"拓展深化为"一体建设"、从"执法队伍"建设转变为"法治队伍"建设、从"旧十六字方针"转变为"新十六字方针"的"六大转变"。

第一，全面依法治国从"基本方略"转变为"基本方式"。就词义而言，"基本方略"更多体现较为宏观的方向性把握，而"基本方式"更倾向于具体可用可行的路径选择。从依法治国基本方略，转变为"全面依法治国是党领导人民治理国家的基本方式"，体现了党对法治在治国理政过程中重要性的认识逐步深化，对法治思维、法治方式、法治能力的把握不断从思想引领走向具体操作。较之于宏观的"基本方略"，"基本方式"的规范提法更能被广大人民群众和社会各界理解和接受；以更为切实的感受、更为可行的路径、更为有效的做法促使法治理念厚植社会场域、浸润群众观念。从"基本方略"到"基本方式"的转型，体现了从宏观的理念导引到微观的制度安排的转变，意味着推进全面依法治国和提升法治思维、法治方式、法治能力均不断从原则性要求转化为日常的工作方式，从而更注重法治在国家治理场域当中至关重要的作用，为贯彻落实全面依法治国提供了更为符合实际情况的有力保障。"基本方略"向"基本方式"的转变是国家治理现代化进程中基础性的治理方式和理念转变，"基本方式"一方面意味着基础性，另一方面意味着是"方式"的运用，亦即法治应当成为国家和社会各治理领域中的基础性存在，足够涵盖经济、政治、文化、社会、生态等多维领域和方面。从基本方式所指向的执行主体来看，党和国家各级领导干部是应当把握住的"关键少数"，通过法治思维和法治能力的提升以确保依法执政、依法行政，确保在宪法和法律允许的范围内积极履职尽责、行权履责，积极主动创业干事，依法推动社会发展、维护社会稳定，而在社会层面，人民群众和各行业领域应当按照法治这一基本方式来进行活动，做到自觉守法、遇事找法、解决问题靠法。

第二，从"法律体系"升华为"法治体系"。"法律"和"法治"从字词来看仅有一字之别，但是"律"与"治"的内涵和外延具有明显差别。党的十八大以来，习近平总书记在关于全面依法治国的系列重要讲话中强调"不是什么法都能治好国"，指出了立法的类别和质量的重要性，并且强调"越是强调法治，越是要提高立法质量"，"人民群众对立法的期盼，已经不是有没有，而是好不好、管用不管用、能不能解决实际问题"。① 从法治建设的历史进程来看，当前我国建成了以宪法为基础的中国特色社会主义法律体系，在法律制度与规范文本等方面基本上已经实现了制度上的有法可依，正是在中国特色社会主义法律体系之上，才可能生发出更具实践性、科学性的法治体系。简而言之，法律体系更注重于法律条例、法律制度之间如何进行配套规范，指向的是法律之有无、条文之完备；而法治体系更注重于各式各样的"法"在国家和社会场域中如何运行，在立法、司法、执法、守法各环节如何发挥作用，能否完成对国家、社会和公民之间的权力关系调适等。因此，法治体系的建设不仅需要作为基础的静态意义上的法律体系，更需要动态意义上立法、执法、司法、守法各环节的嵌套配合。

法治体系是法律体系的再次升级，法律体系到法治体系的转变，正是新时代坚持和推进全面依法治国总目标的应有之义。法治体系是比法律体系含义更为广阔的体系，不仅仅是简单的对法律文本的理解和运用，更是全方位的法律实施过程。法治体系不仅体现了全面依法治国的整体要求，也对法律实施的各个阶段程序进行了规范。当前，我国将建设中国特色社会主义法治体系、建设社会主义法治国家作为全面依法治国的总目标，不仅是在中国特色社会主义法治道路上开拓前行的现实需要，也是国家治理场域中树立法治权威、尊崇法治地位的需要。习近平总书记指出，建设中国特色社会主义法治体系就是"在中国共产党领导下，坚持中国特色社会主义制度，贯彻中国特色社会主义法治理论，形成完备的法律规范体系、高效的法治实施体系、严密的法治监督体系、有力的法治保障体系，形成完善的党内法规体系"。② 在这一基础上，党领导人民将法治融入各个制度体系建设的全过程，不断推动法律体系到法治体系的理念和制度升级。

---

① 参见《习近平关于全面依法治国论述摘编》，中央文献出版社2015年版，第43页。
② 习近平：《关于〈中共中央关于全面推进依法治国若干重大问题的决定〉的说明》，《人民日报》2014年10月29日。

第三，从强调"法律制度制定"转变为"确保法律实施"。"法律的生命力在于实施，法律的权威也在于实施。"[①] 在中国特色社会主义法治体系中，高效的法律实施体系地位重要、意义重大，法律实施既需要科学完备的法律体系作为基础依循，也需要相关主体能够领会立法原意做好法律实施。一般而言，各类型的法律文本属于静态意义上的规范，这种规范要从文本演化为秩序则需要经过法律实施的环节，而各级国家行政机关、审判机关、检察机关、监察机关正是法律实施的重要主体，承担着执法、司法等法律实施的重要职责。在法律实施过程中，必须坚决纠正有法不依、执法不严、违法不究现象，坚决整治以权谋私、以权压法、徇私枉法、逐利违法问题，严禁侵犯人民群众的合法权益。法律的生命在于实施，要求法律文本既有宏观制度设计，也要切实应用到国家和社会治理场域。新时代以来，党和国家持续加大法律实施的宣传力度，牢固树立宪法法律权威，全方位各层次推进全面依法治国。确保法律实施，就是运用法治思维和法治方式解决发展中的不平衡不充分、不协调不可持续等问题。法律实施体系涉及立法、执法、司法、守法各个环节，涉及依法治国、依法执政、依法行政共同推进，法治国家、法治政府、法治社会一体建设，突出抓重点、补短板、强弱项，将法治建设定位于中国特色社会主义事业发展全局，贯穿于实现中华民族伟大复兴全过程各方面，通过法律实施体系的不断深化和全面深入护航各领域发展。

第四，从"重点领域"拓展深化为"一体建设"。全面推进依法治国的总目标具有战略性与全局性，"建设中国特色社会主义法治体系"和"建设社会主义法治国家"成为全面依法治国的总目标而体现出鲜明的整体性。新时代以来，法治建设从重点领域建设为基础，升级转化为精细化、整体化建设，全面依法治国进程中的各层级各部门齐抓共管、共同推

---

① 《中共中央关于全面推进依法治国若干重大问题的决定》，人民出版社 2014 年版，第 15 页。

进，公民和社会组织崇法敬法、守法用法的观念不断增强。党的十八届四中全会强调，要"形成完备的法律规范体系、高效的法治实施体系、严密的法治监督体系、有力的法治保障体系，形成完善的党内法规体系"，从而把静态意义上的法律规范和动态意义上的法律实施相互配合，注重整合党内法规体系并发挥党内法规和规范性文件作用，高度重视国家法治体系和党内法规体系的配套衔接。党的十八大以来，党中央坚持依法治国与制度治党、依规治党统筹推进、一体建设，党内法规和国家法律两套相对独立又密切联系的规范体系协调配合成为国家治理的强大合力，彰显出以法治护航国家和社会治理的强大效能，成为中国特色社会主义法治体系相较其他国家法治体系的鲜明特点和突出优势。

第五，从"执法队伍"建设转变为"法治队伍"建设。习近平总书记强调："全面推进依法治国，建设一支德才兼备的高素质法治队伍至关重要。"① 坚持建设德才兼备的高素质法治队伍是习近平法治思想的重要内容，也是新时代推进全面依法治国不可或缺的人才要素。在推进全面依法治国，"建设中国特色社会主义法治体系"提出之前，执法队伍和法治队伍通常而言没有较大区别，执法队伍倾向于狭义的法律执行，但在全面依法治国总目标提出以后，法治队伍的内涵和外延较之于执法队伍要更为广泛。质言之，执法队伍通常是指法律事务的执行者，如司法机关、执法机关的工作人员。虽然具有执法权力，但不一定具备法治的能力。推进全面依法治国必须有一支高素质队伍，法治队伍建设对于全面依法治国总目标的实现而言极为重要，体现的是新时代法治建设的人才要素。坚持建设德才兼备的高素质法治工作队伍，是法治队伍建设标准和要求；加强法治队伍的理想信念教育，是法治队伍教育的核心内容；而法治专门队伍革命化、正规化、专业化、职业化，则进一步指明了法治队伍建设的核心标准和发展目标，要着力建设一支忠于党、忠于国家、忠于人民、忠于法律的

---

① 习近平：《加快建设社会主义法治国家》，《求是》2015 年第 1 期。

社会主义法治工作队伍，成为当前和今后一个时期推进法治队伍建设的重要遵循。加强法治工作部门党的建设。健全法治工作部门党的组织体系，压实党组（党委）管党治党主体责任，严格党的组织生活制度，确保全面依法治国和全面从严治党层级落实，充分发挥党组织在法治队伍建设中的重要作用。

第六，从"旧十六字方针"转变为"新十六字方针"。随着社会的发展和社会主义法治逐步完善，依法治国的方针政策也在发展进步。党的十一届三中全会提出的"有法可依，有法必依，执法必严，违法必究"是依据当时国家发展需要而制定的；而为适应新的发展变化，党的十八届四中全会提出了"新十六字方针"，即"科学立法、严格执法、公正司法、全民守法"，体系上更为科学完备的同时亦更有具体实施的意涵。党的十八届四中全会决定，充分发挥人大及其常委会在立法工作中的主导作用，重要法律法规由全国人大相关专门委员会、全国人大常委会法工委组织有关部门参与起草，重要行政法规由政府法治机构组织起草。除此之外，还进一步加强法律法规和规范性文件的备案审查，从合法性、合理性、合规范性等多维度审查相关规范是否满足法治要求。科学立法明确要求立足人民立场、保护人民利益、适应社会发展，比如，出台网络安全法、境外非政府组织境内活动管理法等法律法规；修改野生动物保护法、海洋环境保护法等，体现生态环境保护理念在法治领域的具象化。在体制机制改革方面，国家监察体制改革试点、司法体制改革试点等系列改革试点依法推行，确保法治护航改革、改革于法有据。[1] 在执法方面，国务院部门进一步依法取消和下放行政审批事项，进一步优化职业资格设置。在守法层面，深入推进覆盖城乡居民的公共法律服务体系建设，整合公共法律服务资源、建立有效运行的公共法律服务网络资源，加大普法宣传力度和贯彻

---

[1] 郭声琨：《坚持以习近平法治思想为指引在新起点上奋力谱写全面依法治国新篇章》，《人民日报》2021 年 12 月 13 日。

落实领导干部带头学法制度，不断营造出全社会崇法敬法、全民守法的法治氛围。①

（二）法治建设的里程碑：习近平法治思想的确立

2020 年 11 月 16 日至 17 日召开的中央全面依法治国工作会议首次提出习近平法治思想，并明确了习近平法治思想在全面依法治国工作中的指导地位，在党和国家法治建设史上具有划时代的里程碑意义。在中国特色社会主义法治道路的上下求索历史进程中，面临着一些必须正确把握的重大理论和实践问题。习近平法治思想以辩证唯物主义和历史唯物主义为重要基础，深刻回答了社会主义法治建设系列重大问题，指引前进航向，廓清思想困惑，为推进全面依法治国提供了基本遵循。②

习近平法治思想是在推进伟大斗争、伟大工程、伟大事业、伟大梦想的实践之中完善形成的，③ 也还会随着实践的发展而进一步丰富。党的十八大以来，党中央从坚持和发展中国特色社会主义的全局和战略高度定位法治、布局法治、厉行法治，把全面依法治国纳入"四个全面"战略布局，创造性地提出了全面依法治国的一系列新理念新思想新战略，领导和推动我国社会主义法治建设发生历史性变革、取得历史性成就。党的十八届四中全会专门研究全面依法治国，出台关于全面推进依法治国若干重大问题的决定，对全面依法治国进行顶层设计、描绘了宏伟蓝图；党的十九大提出到 2035 年基本建成法治国家、法治政府、法治社会，确立了新时代法治中国建设的路线图、时间表；党的十九届二中全会专题研究宪法修改，由宪法及时确认党和人民创造的伟大成就和宝贵经验，以更好发挥宪法的规范、引领、推动、保障作用；党的十九届三中全会站在加强党对全

---

① 黄文艺：《以法治思想伟力推进法治中国伟业》，《中国社会科学报》2021 年 9 月 16 日。
② 王晨：《习近平法治思想是马克思主义法治理论中国化的新发展新飞跃》，《中国法学》2021 年第 2 期。
③ 江必新、李洋：《习近平法治思想关于法治中国建设相关论述的理论建树和实践发展》，《法学》2021 年第 9 期。

面依法治国的集中统一领导的高度，成立中央全面依法治国委员会，统筹推进全面依法治国工作；党的十九届四中全会从推进国家治理体系和治理能力现代化的角度，对坚持和完善中国特色社会主义法治体系，提高党依法治国、依法执政能力作出部署；党的十九届五中全会通过的《中共中央关于制定国民经济和社会发展第十四个五年规划和二〇三五年远景目标的建议》，再次就全面依法治国作出部署，对立足新发展阶段、贯彻新发展理念、构建新发展格局立法工作提出新的要求。习近平总书记主持召开了3 次中央全面依法治国委员会会议，在第一次会议上，他提出"十个坚持"，系统阐述了全面依法治国的若干重大理论和实践问题。

新形势下，全面依法治国在党和国家工作全局中的地位更加突出、作用更加重大，习近平法治思想的提出为这一关键历史时段深入推进全面依法治国，加快建设中国特色社会主义法治体系、建设社会主义法治国家提供了科学的法治理论指导和强有力的制度保障。① 习近平法治思想凝聚着党领导人民进行法治建设的长期探索中形成的丰厚经验和智慧结晶；习近平法治思想把马克思主义基本原理同中国具体实际相结合、同中华优秀传统文化相结合，顺应时代要求、体现时代精神、回答时代之问，彰显科学性、人民性、实践性，开辟了 21 世纪马克思主义法治理论新境界，展现出强大真理力量。②

四、坚持和推进全面依法治国的历史启示

通过对全面依法治国总目标形成和确立的历史脉络进行梳理，剖析全面依法治国总目标的确立所经历的先期探索、中期发展、深化完善等阶段，总结出坚持和推进全面依法治国总目标的经验，以便为当前和今后一

---

① 汪习根：《论习近平法治思想的时代精神》，《中国法学》2021 年第 1 期。
② 张文显：《准确把握习近平法治思想的鲜明理论品格》，《人民日报》2021 年 12 月 6 日。

个时期坚持和推进全面依法治国总目标提供经验启示。

（一）领导立法，以"科学立法"保障良法善治

法律是治国理政最大最重要的规矩。人民群众对立法的期盼，已经不是有没有，而是好不好、管用不管用、能不能解决实际问题。党的政策和国家法律都是人民群众意志的反映，在本质上一致。党领导立法，必须通过法定程序使党的主张依法上升为国家意志，通过法律护航党的政策有效实施。完善党委领导、人大主导、政府依托、各方参与的科学立法工作格局，把党的领导贯彻到立法工作全过程、各方面，确保立法反映党和国家事业发展要求、体现社会主义核心价值观、回应人民群众关切期待，实现良法善治，建设中国特色社会主义法治体系，为推进国家治理体系和治理能力现代化提供坚实的法律制度保障。

党对立法工作的领导主要体现在五个方面。一是领导宪法的修改和解释工作。宪法是国家的根本大法，把宪法作为治国安邦的总章程、作为党和人民意志的集中体现，将宪法的修改和解释作为国家重大政治活动，在党中央的领导下通过科学民主程序进行。二是研究部署立法工作布局。紧紧围绕完善以宪法为核心的中国特色社会主义法律体系，加强统筹谋划，搞好科学布局，有力科学引领立法各项工作，增强立法工作的系统性、科学性、人民性，包括确立立法方针战略，审定立法规划计划，提出立改废释纂意见建议。三是领导重要法律法规规章制定工作。党中央和有立法权地方的党委加强对主题重大、政治敏感、情况复杂、社会关注度高的重要法律法规规章制定工作的领导，讨论决定立法涉及的重大体制和重大政策调整，协调解决重大立法争议，切实增强立法的科学性、系统性、针对性、有效性，包括领导组织制度方面立法、领导重大经济社会方面立法等多方面多领域。四是支持和保证立法机关充分行使立法权。重视发挥立法机关在立法工作中的主体作用，党中央和有立法权地方的党委充分尊重和支持人大及其常委会等依据宪法和法律有效行使立法权，积极解决和协调

立法工作中遇到的问题，保证立法工作的顺利进行，包括充分发挥人大及其常委会在立法工作中的主导作用，重视发挥政府在立法工作中的重要作用，强化人大常委会、政府的立法监督职责。五是加强组织保障。把加强党对立法工作的领导作为党依法执政的重要内容，作为推进国家治理体系和治理能力现代化的重要方面，各级党委进一步增强责任感和使命感，把领导立法工作摆在更加突出位置抓紧抓好，不断提高领导立法工作的能力和水平，包括落实党委领导责任、发挥立法机关党组织作用、加强队伍建设。

（二）保证执法，以"严格执法"推进法律实施

党的领导是全面推进依法治国最根本的保证，党保证执法，就是要以严格执法保证法律严格实施。法律的权威就在于实施，这就要求，必须坚持党总揽全局、协调各方，发挥各级党委领导核心作用，把党的领导贯彻到执法各方面。各级政府必须坚持在党的领导下、在法治轨道上开展工作，创新执法体制，完善执法程序，推进综合执法，加快建设职能科学、权责法定、执法严明、公开公正、廉洁高效、守法诚信的法治政府，严格执法责任，建立权责统一、权威高效的依法行政体制。

执法是行政机关履行政府职能、管理经济社会事务的主要方式，执法严明是建设法治政府的重要方面。[1] 坚持严格规范公正文明执法：一方面，准确把握社会形势和群众情绪，充分考虑执法对象的切身感受，规范执法言行，推行人性化执法、柔性执法、阳光执法，防止粗暴执法、"委托暴力"执法；另一方面，严格尺度，依法处理，提升执法公信力，防止产生"破窗效应"。具体而言可以从以下六个方面具体推进落实。

第一，改革行政执法体制。根据不同层级政府的事权和职能，按照减

---

[1] 江必新、黄明慧：《习近平法治思想中的法治政府建设理论研究》，《行政法学研究》2021 年第 4 期。

少层次、整合队伍、提高效率的原则，合理配置执法力量，积极推动各级权能机关依法行权履责。推进执法重心向市县两级政府下移，把机构改革、政府职能转变调整出来的人员编制重点用于充实基层执法力量。完善市县两级政府行政执法管理，加强统一领导和协调。大幅减少市县两级政府执法队伍种类，重点在食品药品安全、工商质检、公共卫生、安全生产、文化旅游、资源环境、农林水利、交通运输、城乡建设、海洋渔业、商务等领域内推行综合执法，支持有条件的领域推行跨部门综合执法。加大关系群众切身利益的重点领域执法力度。理顺城管执法体制，加强城市管理综合执法机构和队伍建设，提高执法和服务水平。理顺行政强制执行体制，科学配置行政强制执行权，提高行政强制执行效率。健全行政执法和刑事司法衔接机制，完善案件移送标准和程序，建立健全行政执法机关、公安机关、检察机关、审判机关信息共享、案情通报、案件移送制度。

第二，完善行政执法程序。建立健全行政裁量权基准制度，细化、量化行政裁量标准，规范裁量范围、种类、幅度。建立执法全过程记录制度，制定行政执法程序规范，明确具体操作流程，重点规范行政许可、行政处罚、行政强制、行政征收、行政收费、行政检查等执法行为。健全行政执法调查取证、告知、罚没收入管理等制度，明确听证、集体讨论决定的适用条件。完善行政执法权限协调机制，及时解决执法机关之间的权限争议，建立异地行政执法协助制度。严格执行重大行政执法决定法制审核制度，未经法制审核或者审核未通过的，不得作出决定。

第三，创新行政执法方式。推行行政执法公示制度，以公开为原则，以不公开为例外，加强行政执法信息化建设和信息共享，建立统一的行政执法信息平台，完善网上执法办案及信息查询系统。强化科技、装备在行政执法中的应用。推广运用说服教育、劝导示范、行政指导、行政奖励等非强制性执法手段。健全公民和组织守法信用记录，完善守法诚信褒奖机制和违法失信行为惩戒机制。

第四，全面落实行政执法责任制。严格确定不同部门及机构、岗位执法人员的执法责任，建立健全常态化的责任追究机制。加强执法监督，加快建立统一的行政执法监督网络平台，建立健全投诉举报、情况通报等制度，坚决排除对执法活动的干预，防止和克服部门利益和地方保护主义，防止和克服执法工作中的利益驱动，惩治执法腐败现象。

第五，健全行政执法人员管理制度。对行政执法人员进行严格清理，全面实行行政执法人员持证上岗和资格管理制度，未经执法资格考试合格，不得授予执法资格，不得从事执法活动。健全纪律约束机制，加强职业道德教育，全面提高执法人员素质。逐步推行行政执法人员平时考核制度，科学合理设计考核指标体系，考核结果作为执法人员职务级别调整、交流轮岗、教育培训、奖励惩戒的重要依据。规范执法辅助人员管理，明确其适用岗位、身份性质、职责权限、权利义务、聘用条件和程序等。

第六，加强行政执法保障。推动形成全社会支持行政执法机关依法履职的氛围。对妨碍行政机关正常工作秩序、阻碍行政执法人员依法履责的违法行为，坚决依法处理。各级党政机关和领导干部支持行政执法机关依法公正行使职权，不得让行政执法人员做不符合法律规定的事情。行政机关履行执法职责所需经费，由各级政府纳入本级政府预算，保证执法经费足额拨付。改善执法条件，合理安排执法装备配备、科技建设方面的投入。严格执行罚缴分离和收支两条线管理制度，严禁下达或者变相下达罚没指标，严禁将行政事业性收费、罚没收入同部门利益直接或者变相挂钩。

（三）支持司法，以"公正司法"守护公平正义

"理国要道，在于公平正直。"公平正义是我们党的一个非常崇高的价值追求，司法公正是社会公正的最后一道防线，公正是司法的核心追求。当前，司法质量效率和公信力持续提升，人民群众对公平正义的获得感不断增强。同时，由于多种因素影响，司法活动中也存在一些需要进行纠正

的司法不公、冤假错案、司法腐败以及关系案、人情案、金钱案等问题。这些问题不抓紧解决，就会严重影响社会公平正义和全面依法治国进程。

正确处理坚持党的领导和确保司法机关依法独立公正行使职权的关系。习近平总书记强调，努力让人民群众在每一个司法案件中都能感受到公平正义。[①] 这一重要论述，为在新的历史起点上深入推进公正司法提供了明确方向指引。要紧紧牵住司法责任制这个"牛鼻子"。深化司法责任制综合配套改革，进一步优化司法职权配置，推动法官检察官员额管理的规范化、科学化，完善法官检察官利益回避制度，加快构建司法管理监督新机制，全面推进以审判为中心的诉讼制度改革，真正"让审理者裁判，由裁判者负责"。落实干预、过问案件的记录和追责制度，维护司法裁判的终局性，增强司法判决的执行力，加强对司法人员依法履职的保护。要努力让司法更可预期。对适用普通程序审理的案件，推进庭审实质化，做到有证据放在庭上、有理说在庭上。针对"类案不同判"的问题，进一步健全法律统一适用机制，积极运用大数据推送类似案例等措施，让法官以同类案件同样处理方式办案。要努力让司法更阳光透明。构建与新的办案机制相配套的权责一致、开放透明、亲民便民的"阳光司法"机制，深入推进审判公开、检务公开，以公开促公正，保证法官检察官"以至公无私之心，行正大光明之事"。

党对政法工作的领导是管方向、管政策、管原则、管干部。党委政法委是党委领导和管理政法工作的职能部门，是实现党对政法工作领导的重要组织形式，必须明确职能定位，善于议大事、抓大事、谋全局，把握政治方向、协调各方职能、统筹政法工作、建设政法队伍、督促依法办事、创造执法环境，保障党的路线方针贯彻落实，保障宪法法律统一正确实施，推动依法治国方略落实，推动法治中国建设。政法机关党组织要建立健全重大事项向党委报告制度、在执法司法中发挥政治核心作用制度、党

---

① 《习近平关于全面依法治国论述摘编》，中央文献出版社2015年版，第67页。

组（党委）成员依照工作程序参与重要业务和重要决策制度，确保政法工作沿着正确方向前进。在党的领导下，全国法院系统全面规范领导干部行为，依法惩治腐败犯罪，配合国家监察体制改革，完善监察执法与刑事司法衔接机制。

各级党政机关和领导干部支持法院、检察院依法独立公正行使职权。一是建立领导干部干预司法活动、插手具体案件处理的记录、通报和责任追究制度。任何党政机关和领导干部都不得让司法机关做违反法定职责、有碍司法公正的事情，任何司法机关都不得执行党政机关和领导干部违法干预司法活动的要求。对干预司法机关办案的，给予党纪政纪处分；造成冤假错案或者其他严重后果的，依法追究刑事责任。二是健全行政机关依法出庭应诉、支持法院受理行政案件、尊重并执行法院生效裁判的制度。完善惩戒妨碍司法机关依法行使职权、拒不执行生效裁判和决定、藐视法庭权威等违法犯罪行为的法律规定。三是建立健全司法人员履行法定职责保护机制。非因法定事由，非经法定程序，不得将法官、检察官调离、辞退或者作出免职、降级等处分。

（四）带头守法，以"全民守法"培育法治环境

各级党组织和领导干部必须深刻认识到，维护宪法和法律权威就是维护党和人民共同意志的权威，捍卫宪法和法律尊严就是捍卫党和人民共同意志的尊严，保证宪法和法律实施就是保证党和人民共同意志的实现。①各级领导干部必须对法律怀有敬畏之心，牢记法律红线不可逾越、法律底线不可触碰，带头模范遵守法律，带头依法办事，不得违法行使权力，更不能以言代法、以权压法、徇私枉法。

领导干部这个"关键少数"是全面依法治国的关键，在推进依法治国

---

① 江必新、蒋清华：《习近平法治思想之宪法理论研究论纲》，《中国政法大学学报》2021年第2期。

方面肩负着重要责任，全面依法治国必须抓住领导干部这个"关键少数"。领导干部对法治建设既可以起到关键推动作用，也可能起到致命破坏作用。各级领导干部作为具体行使党的执政权和国家立法权、行政权、司法权的人，在很大程度上决定着全面依法治国的方向、道路、进度。领导干部做尊法学法守法用法的模范，是实现全面推进依法治国目标和任务的关键所在。一是做尊法的模范，带头尊崇法治、敬畏法律。每个领导干部必须牢固树立宪法和法律至上、法律面前人人平等、权由法定、权依法使等基本法治观念，彻底摒弃人治思想和长官意识，决不搞以言代法、以权压法。对各种危害法治、破坏法治、践踏法治的行为，挺身而出、坚决斗争。一方面，加强教育、培养自觉，促使领导干部不断增强法治意识，养成法治习惯。另一方面，加强管理、强化监督，设置领导干部法治素养"门槛"，发现问题严肃处理，不合格的从领导干部队伍中剔除出去。二是做学法的模范，带头了解法律、掌握法律。系统学习中国特色社会主义法治理论，准确把握党处理法治问题的基本立场，首先是学习宪法，同时学习同自己担负的领导工作密切相关的法律法规。重视法治培训，完善学法制度，党校（行政学院）、干部学院等切实加强对领导干部法律知识的教育。各级领导干部必须弄明白法律规定怎么用权、什么事能干、什么事不能干，心中高悬法律的明镜，手中紧握法律的戒尺，知晓为官做事的尺度。三是做守法的模范，带头遵纪守法、捍卫法治。领导干部必须牢记法律红线不可逾越、法律底线不可触碰，带头遵守法律、执行法律，带头营造办事依法、遇事找法、解决问题用法、化解矛盾靠法的法治环境。四是做用法的模范，带头厉行法治、依法办事。领导干部把对法治的尊崇、对法律的敬畏转化成思维方式和行为方式，谋划工作用法治思维，处理问题用法治方式。做到在法治之下，而不是法治之外、更不是法治之上想问题、作决策、办事情。把守法律、重程序作为法治的第一位要求，将保护人民权益作为法治的根本目的，主动接受监督，牢记职权法定，明白权力来自哪里、界线划在哪里，做到法定职权必须为、法无授权不可为。

党的十八届四中全会明确要求，党政主要负责人要履行推进法治建设第一责任人职责。这是推进法治建设的重要组织保证。各级领导干部必须把责任担起来，不搞花架子、做表面文章，不能一年开一两次会、讲一两次话了事。党政主要负责人必须亲力亲为，不能当甩手掌柜。必须加强和改进对法治建设的领导，统筹推进科学立法、严格执法、公正司法、全民守法，每年都确定重点任务，明确完成时间，做到年初有分工、年中有督查、年末有考核，全年有台账。

党政主要负责人履行推进法治建设第一责任人职责，必须坚持党的领导，坚持宪法和法律至上，坚持统筹协调，坚持权责一致，坚持以身作则、以上率下，切实履行依法治国重要组织者、推动者和实践者的职责，贯彻落实党中央关于法治建设的重大决策部署，自觉运用法治思维和法治方式深化改革、推动发展、化解矛盾、维护稳定。

党委主要负责人在推进法治建设中应当充分发挥党委在推进本地区法治建设中的领导核心作用，定期听取有关工作汇报，及时研究解决有关重大问题，将法治建设纳入地区发展总体规划和年度工作计划，与经济社会发展同部署、同推进、同督促、同考核、同奖惩；坚持全面从严治党、依规治党，加强党内法规制度建设，提高党内法规制度执行力；严格依法依规决策，落实党委法律顾问制度、公职律师制度，加强对党委文件、重大决策的合法合规性审查；支持本级人大、政府、政协、法院、检察院依法依章程履行职能、开展工作，督促领导班子其他成员和下级党政主要负责人依法办事，不得违规干预司法活动、插手具体案件处理；坚持重视法治素养和法治能力的用人导向，加强法治工作队伍建设和政法机关领导班子建设；深入推进法治宣传教育，推动全社会形成浓厚法治氛围。

政府主要负责人在推进法治建设中应当加强对本地区法治政府建设的组织领导，制定工作规划和年度工作计划，及时研究解决法治政府建设有关重大问题，为推进法治建设提供保障、创造条件；严格执行重大行政决策法定程序，建立健全政府法律顾问制度、公职律师制度，依法制定规章和规范性文件,全面推进政务公开;依法全面履行政府职能,推进行政执法责任制落实,推动严格规范公正文明执法;督促领导班子其他成员和政府部门主要负责人依法行政,推动完善政府内部层级监督和专门监督,纠正行政不作为、乱作为;自觉维护司法权威,认真落实行政机关出庭应诉、支持法院受理行政案件、尊重并执行法院生效裁判的制度;完善行政机关工作人员学法用法制度,组织实施普法规划,推动落实"谁执法谁普法"责任。

上级党委应当对下级党政主要负责人履行推进法治建设第一责任人职责情况开展定期检查、专项督查,将履职情况纳入政绩考核指标体系,作为考察使用干部、推进干部能上能下的重要依据。党政主要负责人应当将履行推进法治建设第一责任人职责情况列入年终述职内容。对不履行或者不正确履行推进法治建设第一责任人职责的,应当依照《中国共产党问责条例》等有关党内法规和国家法律法规予以问责。

当前,我国正处于迈向社会主义现代化强国、实现中华民族伟大复兴的关键时期,"建设中国特色社会主义法治体系,建设社会主义法治国家"作为全面推进依法治国总目标,揭示了一个现代化强国必然也是一个法治强国的发展规律。法治作为重要的规则之治,既是国家和社会的核心竞争力的重要内容,也是国家治理现代化的必由之路。[①] 新形势下,置身于全面建设社会主义现代化国家的新征程,必须立足发展实际,总结历史经验,把法治作为党治国理政的基本方式,发挥法治固根本、稳预期、利长远的保障作用,不断把法治中国建设向前推进,持续发力、久久为功实现"建设中国特色社会主义法治体系,建设社会主义法治国家"这一全面推进依法治国总目标。

---

① 张文显:《论中国式法治现代化新道路》,《中国法学》2022 年第 1 期。

第三章 建设中国特色社会主义法治体系的总体布局

一、形成完备的法律规范体系

党的二十大报告强调"完善以宪法为核心的中国特色社会主义法律体系"。经过长期努力，中国特色社会主义法律体系已经形成，我们国家和社会的方方面面基本上实现了有法可依，在此基础上我们仍应继续前进。立足于新时代，我国社会主义法治建设已经取得了一定的成果，2011 年形成了中国特色社会主义法律体系，这是以宪法为统帅，以宪法相关法、民法商法等多个部门法为主干，以法律、行政法规、地方性法规与自治条例、单行条例等为分支细化的三个层次法律规范所构成的。2021 年 1 月 1 日，《中华人民共和国民法典》正式施行，这是新中国成立以来第一部以"法典"命名的法律，是一部具有鲜明中国特色、实践特色、时代特色的民法典，在形成完备的法律规范体系中具有重要意义。2023 年 3 月 13 日，十四届全国人大一次会议审议通过了关于修改立法法的决定，这是继 2015 年立法法修改之后的第二次修改。通过这次修改，我国立法的指导思想和原则更加完善，立法的体制机制和程序更加健全，更好地助力完善以宪法为核心的中国特色社会主义法律体系，建设社会主义法治国家，全面推进中国式现代化稳步前进。然而，随着社会实践的不断发展，法律规范体系仍有不断完善的进步空间和与时俱进的时代要求。

（一）持续完善立法体制是前提

立法体制是关于立法主体、立法权限划分和立法权运行的基本制度总称。我国的立法体制必须坚持在党的领导下，有利于人民当家作主，从中国实际出发，避免立法和改革决策相悖，加强和改进立法工作，完善立法程序，合理划分立法权限的配置与比例，从而推进法律规范体系的改革和发展。我国现行立法体制是符合我国国情和实际需要的。如果立法权完全集中在中央，就容易助长主观主义和官僚主义，忽视地方的特殊情况，使制定的法律难以适应各地千差万别的情况，导致立法脱离实际的结果。反之，如果地方立法权不受限制，就容易导致各地规则差异过大，这既与我国单一制国家的历史传统不符，也不利于法制的统一。只有坚持统一而分层次的立法体制，才能较好地克服和防止权力过分集中，有助于发挥中央和地方两个方面的积极性。一是法律的专属立法权制度，能够保证全国人大及其常委会的立法更侧重解决国家发展中带有根本性、全局性、稳定性和长期性的问题，确立起国家经济建设、政治建设、文化建设、社会建设以及生态文明建设各个方面重要的基本的法律制度，奠定国家法治的基础，也为行政法规、地方性法规的制定提供重要依据。二是地方事务由地方立法，"不抵触""有特色"的地方性法规既打开了地方事务无法可依的局面，也解决了各地经济社会条件差异较大的问题，一方面保证了宪法、法律和行政法规在本地区的有效实施；另一方面也为实现"绣花一样精细"的城市管理提供了法治保障。三是在法律专属的立法事项之外，地方立法能在国家尚未制定法律或者行政法规时进行探索，发挥"试验田"作用，既弥补了法律空白，也可以为国家立法积累经验，有助于推进依法治国。四是除了立法机关，行政机关拥有一定的立法职权，有助于尽快将法律规定的相关制度具体化，并对法律进行细化和补充，既保障了宪法和法律的实施，也推进了各级人民政府依法行政。

现行的立法体制虽然取得了显著的立法成就，但在实际工作中仍有一些问题不得忽视。一是地方立法机关缺乏全局意识和整体意识，地方保护主义滋生，影响国家统一市场的建立和完善，政府制定的行政法规和规章基本由政府有关部门负责起草，部门主导的倾向比较严重，争权诿责现象较为突出。二是越权立法时有发生。常见的一种情况是对法律、行政法规中未涉及或者虽然规范了某种行为而未设定行政处罚的，地方人大及其常委会往往会以某种行为在本地具有的社会危害性或者国家的法律法规已经过时、滞后、不能适应现实需要为理由，超越行政处罚法的规定，增设处罚的行为和行政处罚种类，或者突破处罚幅度的地方立法。三是重复立法难以避免。我国立法权纵向配置的一个重要特点是各级立法权限范围相互重叠，地方立法如果贪大求全，盲目追求立法政绩或条款完整性的话，难免导致小法抄大法，下位法抄上位法，甚至是照搬照抄其他省市法规的现象。法律规定得越细致，地方立法中重复的内容可能就越多。四是地方立法中也偶有滥用立法权，侵害公民合法权益的现象发生。地方性法规，特别是地方政府规章，很长一段时间都重管理轻服务，如果还按照以前简单以强化行政手段的方式来管理社会，就容易造成减损公民、法人和其他组织权利或者增加其义务的后果。

当前，中央高度重视立法工作的改革完善，立法需要适应经济社会发展需要，需要从以下几个方面进行着手准备。

第一，要适应社会改革发展需要。在习近平法治思想指引下奋力推进新时代法治中国建设的伟大实践。实践永无止境，理论创新永无止境。必须继续推进马克思主义中国化时代化，坚持把马克思主义基本原理同中国具体实际相结合。对立法工作而言，必须深深扎根于中国实践，应增强立法的及时性，即坚持问题导向，针对重点问题、突出问题、关乎老百姓切实利益的问题等，积极调查研究，设计出解决问题的可行路径和最佳办法，及时启动立法程序，又好又快地完成立法工作。

第二，要发挥人大在立法中的主导作用。全国人大是国家最高权力机关，代表全体人民全面、独立地行使国家主权。2021年3月，十三届全国人大四次会议通过了修正后的《中华人民共和国全国人民代表大会组织法》，要求在全过程民主中，充分发挥全国人大代表的作用。人大代表来自人民、植根人民，发挥人大及其常委会在立法工作中的桥梁纽带作用，保障人大代表充分参与立法，更多参与到法律的起草和修改过程。发挥人大及其常委会在立法工作中的主导作用，要求把握立项工作主导、把握立法进度主导、把握立法决策主导，使各项制度形成合力。

第三，要坚持统筹立改废释纂。法律所调整的社会关系是划分部门法时首要考虑的划分标准，明确区分社会关系有利于更加科学系统地建立法律规范体系。遣词造句及逻辑规律应当清楚明确，确保形成周密严谨的法律规范体系。加快完善法律、行政法规、地方性法规体系及其他社会规范体系的相互衔接、协调和谐，为健全中国特色社会主义法治体系提供法律基础。加强法律解释工作，尤其要注意实践过程中存在的同案不同判问题，及时明确法律规范的含义和适用法律依据，在总结实践经验的基础上，结合学理研究，进一步健全科学完备的法律解释工作机制，以保证法律的有效实施。

第四，要遵循在中央的统一领导下，充分发挥地方主动性和积极性的原则。具有立法权的地方人大常委会应紧紧围绕现实问题，及时开展积极稳妥的地方立法工作，提高立法质量，落实立法先行。新时代新征程上，地方立法工作将坚持守正创新，继续探索、及时总结经验做法，具体地、全面地落实党对立法工作的领导，突出地方实际，进一步丰富立法形式，发扬全过程人民民主，担负起、完成好新时代的使命任务，共同推进国家治理体系和治理能力现代化。

第五，要发挥党在立法中的关键作用。这是立法过程的关键环节，它决定了立法机关审议议题的方向和范围。党在立法启动中起着十分重要的作用，但并非所有立法都由党发起，只有那些重大立法才由党发起。实践中党启动立法的方式主要包括：交办重大立法任务，通过会议决议、文件等部署重大立法工作，提出修宪建议和立法建议，审定批准立法规划，批准重要立法项目等。其中，立法建议与法律议案不同，党本身不具有立法提案权，而是通过提出立法建议对立法过程实现领导。党的十八大以来，党中央提出立法建议的态度日益主动明确，就国家安全、网络安全、生态环境、科技创新、涉外法治体系建设等重点领域、前沿领域立法作出重要指示，国家立法机关迅速跟进，将落实中央重大决策部署作为立法工作的重中之重，整体呈现出数量多、分量重、节奏快、效果好的特点。

（二）全面推进科学立法、民主立法、依法立法是途径

建设中国特色社会主义法治体系，建设社会主义法治国家，良法是前提。能否体现和维护社会公平正义，是判断"良法"与否的根本标准。建设法治中国，必须坚持推进科学立法、民主立法、依法立法，提高立法效率，以良法促发展。在党的带领下不断推进社会主义法治建设，实现真正的良法善治。

第一，要推动重点领域立法。加强重点领域立法是基础和前提，通过对民生领域、域外领域、国家安全领域等重点领域的实际论证考察，广泛征求业内外人士的意见建议，把有利于党的领导、有利于人民主体地位、有利于国家主权完整作为原则指引，从法律、法规、规章到行业指导规范、细则等各个方面进行研究设计，从社会经济发展程度、人民满意程度等方面，对立法效果做出综合评审评估，并将有利于人民合法利益、有利于社会稳定发展的实践经验上升为法律规范。具体来说，首先需要从以下几个领域抓好建立健全法律规范体系：一是加快我国涉外领域立法，构建保障我国海外利益的法律体系，规范参与"引进来""走出去"的国际竞争环境主体行为，有利于维护国际秩序、促进对外开放、维护国家利益，有助于大力推进构建中国特色社会主义法治体系，推进全面依法治国。二是关注老百姓最迫切需要解决的问题所涉及领域的立法，及时破解社会中出现的重点难点问题，将其经验进行复盘、总结，并将其依法制定成为内容全面、合法有效的法律规范，有利于满足人民日益增长的美好生活需

要，有利于保障公民权利，从而实现公民权利法治化。加强同民法典相关联、相配套的法律制度建设。健全军民融合发展法律制度，区域协调发展法律制度建设。三是不断完善国家安全法律制度体系，包括国家安全、科技创新、公共卫生、生物安全、生态文明、防范风险等重要领域，加强国家安全立法，已成为当下我国保障人民生命和健康、维护国家安全的重要任务。

第二，要完善立法协调沟通机制。加强立法协商机制，能够对党和国家事业发展起到一定的保障作用。各民主党派和各界代表分别代表着各自的社会利益，这些利益之间存在冲突在所难免。执政党在立法决策过程中积极通过民主协商机制倾听各方意见、整合各方利益、加强各方团结、谋求各方共识，有助于提高立法决策的科学性与民主性。立法协商目前还没有形成明确的、可操作的制度程序，因此，在完善立法决策程序中应该注意这方面的制度建设。对于国家机关、社会团体、专家学者，要以维护最广大人民群众的利益为根本性原则，平衡不同群体、不同阶段、不同地域的利益关系，建立统筹兼顾社会不同方面利益的立法论证咨询机制；对于政协委员、民主党派、工商联、无党派人士，应积极参与到立法过程中，充分讨论研究法律草案的要点、内容、意义、影响，充分发挥其监督权，通过各种渠道和方式，对于来自各方面的意见进行收集和听取；对于广大人民群众，要建立健全法律、行政法规、规章草案公开征求意见机制，通过互联网等其他方式将法律法规草案公开，并面向公众征求意见，将采纳情况进行及时反馈，保障公民有序、高效地参与立法途径，增强立法过程中的社会基础，从而充分表达社会利益平衡、充分体现人民主体地位。

第三，要遵循依法立法、严守立法程序及权限。践行法律面前人人平等原则，排除一切特权主义，各级立法机构和工作部门切实避免越权立法、重复立法、盲目立法，健全违法必究机制，维护国家法治统一。各级党组织和领导干部依照法定的权责和程序，从国家整体利益出发，旗帜鲜明坚持依法立法，严格依照宪法及立法法的基本原则和具体规定进行立法活动，要进一步完善授权立法的权限和范围，明确立法权限和期限，明确授权方式和程序，严格遵循立法法的有关原则及要求；要进一步严格规范部门规章和地方立法的立法范围，明确部门规章的立法权限和范围，不得违背上位法，不违背中央的大政方针，要保证立法因地制宜、行之有效，充分保证立法的协调规范，推进法治建设发展。

第四，要做到逻辑严密、结构完整、用语准确、严谨明晰的立法表现形式。法律规范体系是由宪法、法律、行政法规、部门规章、地方性法规等法律规范组成建立的，在建立法律规范体系的过程中，不能仅从宏观角度观察、不能仅进行顶层设计，每一部法律规范、每一条法律条文都应当认真斟酌制定。法律规范是否具有科学性，将会对整个法律规范体系的质量产生影响；法律规范是否公正民主，将决定整个法律规范体系是否有利于人民，是否有利于国家长治久安，现实社会的权力运行都应当有法律规范体系的规制和约束，法律规范体系应当与人民基础生活的方方面面相对照、相适应，从而满足社会运行和发展的现实需要；法律规范是否逻辑严密，将决定法律规范体系的建设水平与实施进程，法律规范体系必须在语言表达上也高度完备，每一个法律条款的文字表达都要清楚明晰，准确无误，避免产生歧义，不会引发误解。

二、形成高效的法治实施体系

如果有了法律而不实施、束之高阁，或者实施不力、做表面文章，那制定再多法律也无济于事。法谚有云"世不患无法，而患无必行之法"。现实告诉我们，好的法律很重要，但是有了好的法律却不实施或者不严格实施，这不仅会损害法律尊严和权威，还会危害社会安定和谐；好的法律在实际生活中得到实施，它的利处才会显现出来，才会真正展现法律规范的意义。中国特色社会主义法治体系中，法律实施体系是其灵魂，是其中非常重要的一环。多年以来的实践表明，法律在现实生活中得到实施是建设法治体系的重点、难点，极容易遭遇瓶颈。完备的法律规范体系是指一国所有的法律规范的有机整体，能够良好地反映人民意志，满足社会生活的现实需要，作为一个整体其各个部分有机衔接、彼此协调，具有良好的逻辑结构，体系完整、结构科学、内容完善的理想状态。高效的法律实施体系，由横向方面来看，是从执法、司法到守法的多项阶段，是为"完备的法律规范体系"赋予生机活力的阶段；由纵向方面来看，是从理论、机制的建立到实施再到反馈的整个过程，是从"纸面上的法"转化为"现实中的法"的动态过程。为建设形成高效的法治实施体系，我们需要付出长期艰苦努力。

改革开放以来，党领导人民为建设社会主义法治国家，形成中国特色社会主义法律体系共同奋斗。自党的十八大以来，我国在法律实施方面采取了多项措施并取得了一系列成就：一是改革重构权力配置和运行机制，执法司法公信力显著提升；二是进一步健全诉讼制度机制，在更高水平上实现公正与效率相统一；三是不断完善便民、利民改革举措，人民群众获得感、幸福感、安全感显著增强。[①] 但我们不能满足于现状，不能躺在前人的功劳簿上睡大觉，要将法律付诸实施，法治实施体系建设永远在路上。我国法治实施仍然存在进步和改善的空间：从法治数据分析上来看，我国法律实施的效果低于立法预期；从法治实践情况上来看，现实生活中仍存在着有法不依、执法不严以及违法不究的问题，人民群众对法治建设仍有意见和疑问。因此，推进形成高效的法治实施体系势在必行，需要从以下几个方面着手安排。

（一）坚持中国共产党的领导是根本

近代以来，实践反复证明了党的领导是依法治国的根本保障。中国共

---

① 潘洁、王悦阳：《"中国这十年"系列主题新闻发布会聚焦推动高质量发展》，《新华每日电讯》2022年6月29日。

产党坚定维护法律的尊严和权威，党中央领导干部应坚持起到带头作用，对内依照党规党章从事活动、对外遵守法律规范、维护法律权威，发挥好保证执法、支持司法和带头守法的重要作用。坚持党的领导，能够更好地推进形成法治实施体系，进一步完善中国特色社会主义法治体系。

（二）坚持健全宪法实施体系是基础

宪法是国家的根本大法，宪法在治国理政中起到了"定海神针"的作用，宪法的实施效果直接影响到法律实施体系的成效，树立宪法的权威，保证宪法的实施是法律实施体系建设的首要任务。进入新时代，我国积极设计并践行了一系列保证宪法实施的措施，建立了宪法实施的监督机构，用以保证宪法实施的形式合法和实质合法；发挥了党的领导作用和模范作用，从政治上贯彻宪法的基本原则和内在精神；建立了全面宪法教育机制，增强干部和群众的宪法观念，为宪法实施提供了思想保障。2023 年 3 月 10 日，十四届全国人大一次会议在北京人民大会堂举行第三次全体会议。习近平总书记全票当选为中华人民共和国主席、中华人民共和国中央军事委员会主席，并进行宪法宣誓，鲜明体现我国宪法的权威。

（三）坚持严格执法是手段

行政机关要承担起严格执法的首要职责，行政机关是离老百姓生活最近的政府部门，其执法效果直接影响政府的公信力和广大人民群众的安全感，大力推进法治政府建设，坚持依法行政，严格执法，执法公平、公正、公开，全面贯彻落实行政执法追究制度，遵循权责一致的基本原则，做到纠正与安抚相结合、惩罚与教育相结合，使行政执法"更有温度"。执法程序的严格落实同样应予重视，不同部门和岗位的执法人员应当做到不越权、不滥权，执法活动不应当被非法干预，并预防和克服地方和部门保护主义。行政机关是实施法律法规的重要主体，直接体现我们的执政水平，要带头严格执法，维护公共利益、人民权益和社会秩序。执法者必须忠实于法律，既不能以权压法、以身试法，也不能法外开恩、徇情枉法。各级行政机关要严格规范公正文明执法，加大关系群众切身利益的重点领域执法力度。推进严格执法，重点是解决执法不规范、不严格、不透明、不文明以及不作为、乱作为等突出问题。要以建设法治政府为目标，建立行政机关内部重大决策合法性审查机制，积极推行政府法律顾问制度，推进机构、职能、权限、程序、责任法定化，推进各级政府事权规范化、法律化。要全面推进政务公开，强化对行政权力的制约和监督，建立权责统一、权威高效的依法行政体制。要严格执法资质、完善执法程序，建立健全行政裁量权基准制度，确保法律公正、有效实施。要严格规范公正文明执法，把打击犯罪同保障人权、追求效率同实现公正、执法目的同执法形式有机统一起来，努力实现最佳的政治效果、法律效果、社会效果。

（四）坚持公正司法是保障

司法是国家司法机关及其司法人员依照法定职责和法定程序，具体运用法律，以权威的方式化解利益矛盾或冲突、协调人际利益关系的过程，是法律实施的方式之一。公正司法是司法机关应当坚持的原则之一，坚持公正司法要求司法机关保证司法结果合理公平，不偏不倚，每一位人民群众在任何一个司法案件中都应当受到平等保护，让公平正义彻底贯彻在司法过程中。最高检 2023 年工作报告提出：完整、准确、全面贯彻新发展理念，充分履行法律监督职能，在服务高质量发展中践行人民至上；牢记人民检察为人民，在办好检察为民实事中践行人民至上；充分发挥融入式监督的优势，一体推进执法司法制约监督机制建设，在监督办案中践行人民至上；牢记党和人民嘱托，在履行"公共利益代表"神圣职责中践行人民至上；建设忠诚干净担当的检察队伍，把践行人民至上更优落实。因此，必须充分发挥司法的职能作用，让每一位人民群众都能感受到司法的公平正义，通过司法案件赢得人民群众的信任，消除人民群众对司法体系的传统偏见。必须充分发挥司法对法律实施的支持和保障作用，坚决落实健全行政执法和司法衔接机制相衔接，从而形成系统、形成合力。必须提高司法人员的法治观念、业务能力和法治保障水平，大力推进司法公开，强化对司法活动的监督，建立错案责任追究制度，实现有错必纠，枉法追责。

推进公正司法，要以优化司法职权配置为重点，健全司法权力分工负责、相互配合、相互制约的制度安排，各级党组织和领导干部要旗帜鲜明支持司法机关依法独立行使职权，绝不容许利用职权干预司法。"举直错诸枉，则民服；举枉错诸直，则民不服。"各级审判机关、检察机关要深化司法体制综合配套改革，坚持和完善中国特色社会主义司法制度，保证依法独立公正行使审判权、检察权，不断提高司法公信力。司法工作人员要坚守公正司法的底线，坚持司法独立，保持司法公开，积极构建开放、动态、透明、便民的阳光司法机制，不断促进司法公正，对司法腐败彻底扼杀。这要求司法人员应当具备更高的法治素养，坚持法治和公正司法，刚正不阿，勇于担当，敢于依法排除各种司法干扰，保证司法的独立和公正，杜绝"暗箱操作"。

（五）坚持全民守法是动力

全民守法，就是全国各族人民、一切国家机关和武装力量、各政党和各社会团体、各企业事业组织，都必须以遵守宪法和法律为根本活动原则，并负有维护宪法和法律尊严、保证宪法和法律实施的职责。[①] 全民守法就是要使法治工作人员到普通群众都知法守法、尊法敬法，就是要通过全体人民的共同努力，形成全民守法的法治社会。一是必须坚持党员带头守法，党员带头守法是实现全民守法的前提和保证。因此，各级党组织、国家机关、政府部门的领导干部必须树立起敬法、爱法、知法、守法、用

---

① 张文显：《习近平法治思想的基本精神和核心要义》，《东方法学》2021 年第 1 期。

法的法治风范，提高运用法治思维和法治方式解决问题的能力，起到示范先锋作用。二是必须要以人民为中心，这是社会主义法治的核心价值。树立起一切为了人民、一切依靠人民、一切造福人民的社会共识。三是要加强普法活动，加强法治宣传教育，将法律的精神、意义、内涵等主要内容传达给广大人民群众，只有人民群众知法、懂法，了解自己应有的权利和义务，法律的指引、评价、教育作用才能实现。四是要在整个社会层面树立起守法光荣的法治意识，使人民信任法律、依靠法律、守护法律。人民群众在实际的法律实施中不仅要扮演"法律遵守者"的角色，还要履行"法律维护者"的职责，推进培育公民和社会组织的法责任感，在面对违法诱惑时及时拒绝，在发现他人违法行为时及时制止，对违法情况及时反映汇报，营造良好的守法、爱法的社会氛围。人民群众是法治实施体系建设的主要力量，必须在社会层面筑牢法治实施体系的根基，推进法治实施体系的建设。

三、形成严密的法治监督体系

纵观人类政治文明史，权力是一把"双刃剑"，在法治轨道上行使可以造福人民，在法治之外行使则必然祸害国家和人民。没有制约和监督的权力必然导致滥用和腐败，这是一条铁律。在法治监督方面，目前还存在监督目的不清晰、监督范围不明确、监督程序不健全、监督机制不完善，各种监督方式之间缺乏协同性，监督权威性、执行力、公信力不高等问题。就现实而言，在中国当下权力运行状态中仍然存在着权力滥用、腐败滋生等问题，一些党员的政治觉悟不高，违反党的章程、组织纪律、廉洁纪律和生活纪律，党内存在的政治问题和不正之风还没有得到肃清。腐败问题从根源上说，是权力失去制约和监督导致的权力滥用、以权谋私行为。

严密的法治监督体系是建设中国特色社会主义的应有内容，建设严密的法治监督体系要求构建党统一领导、全面覆盖、权威高效的法治监督体系，要健全权力运行的制约监督体系，切实加强对立法、执法、司法工作的监督。习近平总书记强调要构筑全方位、系统化的监督体系，提出"要做好监督体系顶层设计，既加强党的自我监督，又加强对国家机器的监督"。① 把权力关进制度的笼子里，这里的权力指的是公权力，就是宪法、法律及党规党章等规范赋予各级党组织成员、各级政府领导干部、各级国家机关公职人员行使的维护和增进公益而设的权力；这里的制度指的就是法治，法治的内涵是维护公平正义、保障合法权益、杜绝贪污腐败，把权力关进制度的笼子就是把公权力的行使纳入法治的轨道，用制度规范去对公权力的赋予、行使、授权进行监督、约束、制衡，保障权力的正确行使、保障权力的合理配置、保障权力不被滥用。在这个为中华民族伟大复兴不断奋勇向前的时期，国外局势动荡不安、世纪疫情影响深远，对法治监督提出了不小的挑战，对法治体系的建设提出了新的要求。严密的法治监督体系是中国特色社会主义法治体系的重要组成部分，是加强对权力运行制约和监督的必然要求。以习近平法治思想为指导，加快形成严密的法治监督体系，对于发挥制度优势、提升治理效能，具有重要作用。要依法设定权力、规范权力、制约权力、监督权力。制度问题更带有根本性、全局性、稳定性、长期性。严密的法治监督体系是中国特色社会主义法治体系永葆生命力的动力之源。新形势下要推动法治监督体系向纵深发展、加快形成严密的法治保障体系。

当前，在法治监督方面，还存在着机制方面的问题，如监督主体不明确等。构建严密的法治监督体系，使各监督主体之间、监督方式之间形成协同效力，形成不敢腐的惩戒机制、不能腐的防范机制、不易腐的保障机制，增强法治监督的权威性，可以从以下几个方面着手研究。

----

① 《习近平在第十八届中央纪律检查委员会第六次全体会议上的讲话》，《人民日报》2016 年 5 月 3 日。

（一）完善权力制约和监督机制

立法、执法、司法三项权力的运行与法治体系建设效果同息同频，与广大人民群众利益息息相关，与国家发展的前途和命运紧密相连，三项权力的运行必须暴露在阳光之下，必须处于法治监督之下，必须受到人民群众的充分检视，发挥三项权力运行过程中的内部制约机制和内部监督机制，推进三项权力外部监督机制、互相制约机制建立健全，切实做到把权力关进制度的笼子里。

第一，确保依法执法和独立司法。加强立法、执法、司法的权力监督，使行政权、监察权、审判权、检察权得到依法正确行使，保证公民、法人和其他组织合法权益得到切实保障，坚决排除对执法司法活动的干预。一要加强对执法权的监督。坚决排除对执法活动的非法干预，杜绝地方保护主义和部门保护主义；坚决遏制腐败滋生，执法人员应当坚决克服执法工作中的利益驱动。严格落实行政执法责任制和责任追究制，执法不作为、乱作为、选择性执法、逐利执法等有关不良执法行为应当被严格追责，落实执法责任追究。完善行政执法投诉举报和处理机制，有错必纠，要加强和改进行政复议工作，强化行政复议监督功能，加大对违法和不当行政行为的纠错力度。二要加强对监察权的监督。习近平总书记指出："监察权是把双刃剑，也要关进制度的笼子，自觉接受党和人民监督，行使权力必须十分谨慎，严格依纪依法。""坚决不能滥用职权、以权谋私，特别是不能搞选择性监督、随意执纪调查、任性问责处置。"[①] 三要加强对司法权的监督。健全对法官、检察官办案的制约和监督制度，促进司法公正。聚焦人民群众反映强烈的突出问题，抓紧完善权力运行监督和制约机制，坚决防止执法不严、司法不公甚至知法犯法、司法腐败。完善刑事立案监督和侦查监督工作机制。完善民事、行政检察监督和检察公益诉讼

---

① 习近平：《论坚持全面依法治国》，中央文献出版社 2020 年版，第 244 页。

案件办理机制。加强人权司法保障。

在立法、执法、司法三项权力的运行轨道上，有个别法治工作人员在履行职责过程中，存在以言代法、以权压法、徇私枉法的行为，有个别领导干部坚持法治的思想不够坚定，不仅没有起到带头守法的示范性作用，反而做出了损害法律权威，破坏法治建设的行为，思想落后、行权不规范、权力滥用不制约、权力腐败未遏制，面对这股不正之风，我们必须建立完善立法、执法、司法权力运行制约和监督机制，依靠法律和制度去强制约束权力行使、规范干部行为，确保权力运行在法定程序和法定权限之内，切实推进社会主义法治建设。

第二，深化国家监察体制改革。近百年来，中国共产党在与权力腐败和权力行使不规范做斗争的过程中，所适用的斗争形势和任务要求随着社会基本矛盾、国家发展情况等现实因素而变化，纪检监察工作的核心内容和精神目的始终坚定不移，仍然是推进党风廉政建设以及反贪污反腐败斗争。实践反复证明，我国监察体制需要不断进行创新改革，深化国家监察体制改革，有利于绘制党和国家监督体系的蓝图，有利于推进法治体系的建设，有利于推进国家治理能力现代化的发展进程。根据近年来扫黑除恶、反贪反腐的工作经验，国家监察体制改革从创新整合机构、完善职能配置、创新制度安排等方面均衡发力、逐步推进，将反腐反贪资源进行了整合，并补充完善了反腐败力量的空白区域；监察范围得到扩大，实现了对公职人员的全面覆盖，实现了对职责权限和行权手段的全面覆盖；对监察方式进一步丰富，建立了具有中国特色的监察体系，深入构建不敢腐、不能腐、不想腐的有效机制。2018 年 3 月，全国人大通过了《中华人民共和国监察法》，这是党中央关于健全监察体系的具体表现，是坚持走中国特色社会主义法治道路的创新之举。实现国家监察的全面覆盖，即全面覆盖到每位公职人员，全面覆盖各领域、各角度、各层级，深入开展反腐败工作，监督并约束公权力行使，加强日常监督的频率和强度，避免有人钻空子、走后门，从而能够应对在中国特色社会主义法治体系建设过程中遇到的突发、迫切的问题。

(二) 以党内监督带动其他监督

党的百年发展历程中，一直在为健全监督体系不断地做出努力，并随之将其发展成为党的固定任务和优良传统。习近平总书记在十八届中央纪委二次全会上的讲话中强调，各级领导干部都要牢记，任何人都没有法律之外的绝对权力，任何人行使权力都必须为人民服务、对人民负责并自觉接受人民监督。没有监督的权力必然导致腐败，受到监督的权力才会有利于人民。一是要抓住制度治党，将党内治理纳入制度的轨道上，从严治党，必须有坚强的制度做保证。制度治党就是要全面落实立、改、废并举，颁布符合当前发展规律的党内法规，修改已有的、与现在发展情况不符的党内法规，废除落后的、通过修改完善也不适合实践的党内法规。二是要加强对党组织干部成员，尤其是"一把手"的监督，保证在其位谋其职，做到位高不擅权、权重不谋私。实施精准问责机制，避免出现滥用问责、不当问责等问题。三是要加强党风廉政建设和反腐败工作，要勤政有为、务实重干。要大力纠治形式主义、官僚主义，严肃整治作风漂浮、政策执行简单机械等突出问题。四是加强党在监督体系建设方面的统一领导，整合、优化监督体系，把最核心的党内监督同其他监督形式，如民主监督、司法监督、舆论监督等相衔接，推动各类监督形式的有机贯通、相互协调，使之形成有机合力、形成系统整体。

(三) 让人民监督权力运行

人民监督是保障人民当家作主的重要方式。我国是社会主义国家，人民监督这一方式也是人民民主的重要体现。人民是权力的享有者，公职人员的权力并不是天生就存在的，而是人民所赋予的，人民群众是法治建设的力量源泉，贯彻落实一切为了人民，一切依靠人民。一切权力属于人民是我国宪法规定，习近平总书记重点强调要"发展全过程人民民主"①；权力亦应归于人民，人民是权力的监督者，权力的运行应当受到人民的监督，人民充分行使监督权是发展"全过程人民民主"的题中应有之义和重点实现路径，离开人民监督这一监督途径，监督体系容易成为"水中月""镜中花"；以人民的满意程度为基本判断标准，使人民群众成为严密的法治监督体系建设中最大的中流砥柱和最直接的受益者。

首先，必须建立完善人民群众意见反馈机制。人民群众是法治监督体系的建设主体力量，只有获得人民发自内心的理解与认同，法治监督体系才能获得不竭的实施动力。对于人民群众的意见与建议应当虚心接受，对于社会监督应当积极配合，对不尽如人意的地方及时整改，将整改处理结果向群众及时回应，对损害广大人民群众合法权益的行为予以事前的预防和事后的打击惩罚。

其次，以人民群众是否喜闻乐见为评估标准。根据经济发展水平、风土人情、文化背景的不同，不同地域对人民群众满意程度有不同的评估标准，不论评估标准之间的差异有多大，人民群众客观的监督需求是否得到满足是最基本的评估标准之一。人民群众对于法治监督体系的满意与否：一是看其能否对最影响人民群众合法利益的贪污腐败行为、滥权越权行为起到遏制作用；二是看其是否真正促进了公平公正的贯彻落实，是否实现了实质正义。

最后，拓宽人民行使监督权的渠道，除了传统的申诉、控告或检举的方式，增加信访举报制度、人大代表联系群众制度、舆论监督制度、公示、听证制度等。让人民群众可以对各级国家公权力机关行使监督权，避免侵害人民群众的合法权益，使人民群众对法治监督体系建设产生发自内心的认同感。

---

① 习近平：《在庆祝中国共产党成立 100 周年大会上的讲话》，人民出版社 2021 年版，第 12 页。

四、形成有力的法治保障体系

全面建设社会主义现代化国家、全面深化改革、全面依法治国和全面从严治党是以习近平同志为核心的党中央奋力推进中国特色社会主义伟大事业的战略布局，是实现"两个一百年"奋斗目标和中国梦的"路线图"。在"四个全面"中，全面依法治国作为全面建设社会主义现代化国家的法治保障，能够为我国改革工作提供各项立法性引领，为我国继续深化改革、深入建设"四个全面"奏响华丽乐章，也符合我国全面从严治党的本质，二者相辅相成，辩证统一。① 建设中国特色社会主义法治体系作为在党的十八届四中全会《决定》中首次提出的重大任务，主要由五大关键性要素构成，而"形成有力的法治保障体系"作为这五大要素之一，能够保障社会主义法治沿着正确道路前进。党的十八届四中全会将"建设中国特色社会主义法治体系，建设社会主义法治国家"确定为全面依法治国的总目标，而法治保障体系作为确保法治高效运行的重要支撑，不仅有利于全面推进依法治国总目标的实现，也是确保"四个全面"战略布局协调推进的关键。

（一）以法治保障体系为重要依托

第一，保障更好发挥法治的引领和规范功能。形成有力的法治保障体系，能够以切合我国发展实践、具有中国特色社会主义特色、体现中国特色社会主义发展规律的社会主义法治理论为实现全面依法治国总目标提供不断的理论性支持以及学术性指引；以完备的法律规范体系建构我国社会秩序与规则，保证社会行为规范性发展，从而使社会发展动力内生性产生与发展；以"四个自信"为指引，引导与支持中国特色社会主义法律体系

---

① 付子堂：《形成有力的法治保障体系》，《求是》2015 年第 8 期。

转化与发展，形成中国特色社会主义法治体系。从"良法"到"善治"、从"静态法"到"行动法"，法律的不断转变与优化，是建设有力法治保障体系的价值取向，确保我国法治建设和法治改革与坚持走中国特色社会主义法治道路步调一致、相互协调，保证法治建设与法治改革的方方面面始终不偏不倚，始终契合中国特色社会主义法治道路。

第二，保障法治工作基本格局的协调推进。有力的法治保障体系要求法治工作的各环节相辅相成、形成有机配合，包括科学立法、严格执法、公正司法、全民守法等；依法治国、依法执政、依法行政共同推进和法治国家、法治政府、法治社会一体建设的法治工作基本格局有序展开。法治保障体系对于法律规范体系之作用不言而喻，一是保证法律规范体系发挥应有之作用，二是确保法律实施具有体制机制，三是为社会生活秩序的规范提供法律规制依据。

第三，保障公民对改革有更多认同感和获得感。人民权益的保护与法律权威的维护相互促进，不可偏废。人民是依法治国的主体和力量源泉，中国共产党始终坚定保护人民群众的根本利益，人民群众的权益保护也是全面推进依法治国的固有内容，法治体系保障人民权益的实现；人民是守法的主体，全民守法需要人民自觉维护法律的权威。促进公民权利保障法治化，使"坚持人民主体地位"得到最直接、最充分、最现实的体现。建立并完善保障人民权利公平、机会公平、规则公平的法律制度，同时，应当重视人权的保障，尊重和保障人权已经成为世界各国的永恒追求，也是世界各国建设世界法治文明的共同成就。尊重和保障人权的实现有以下内在要求：要求公民权利实现从"法制化"到"法治化"的转变，实现法律面前人人平等，做到重大改革于法有据，科学深化改革，使改革与法治如鸟之两翼，相辅相成、共同促进，让改革成果惠及全民，让公民更多感受到改革的利益，提升公民对改革的认同感与获得感。

（二）系统完善法治保障体系的基本制度

进一步提高全面依法治国能力和水平，为全面建设社会主义现代化国家、实现第二个百年奋斗目标提供有力法治保障。有力的法治保障体系，要求在法律制定、实施和监督的全过程形成结构完整、机制健全、资源充分、富于成效的保障要素系统。

第一，党的领导是全面推进依法治国的坚强政治保障。中国共产党作为我国的执政党，具有绝对领导地位，而这一性质是由我国的根本大法宪法确立的。从历史正当性看，中国在近代遭遇了西方列强的入侵，抵抗列强入侵的胜利成果是在中国共产党的领导下取得的；从政治正当性看，我国在中国共产党的领导下建立了人民民主政权，中国人民从此翻身做主人。习近平总书记强调："全面推进依法治国，方向要正确，政治保证要坚强。党的领导是社会主义法治最根本的保证。"① 坚持中国共产党的领导是形成有力法治保障体系的根本，只有坚持党领导立法、保证执法、支持司法、带头守法，才能真正保障人民成为国家的主人，实现人民群众当家作主，真正将人民的意志上升到国家意志，进而推动国家以及社会生活规范化与有序化。

第二，中国特色社会主义制度是全面推进依法治国的牢固制度保障。只有打扎实了基础，才能保证前进道路的平坦。习近平总书记曾说过，"我们要建设的中国特色社会主义法治体系，本质上是中国特色社会主义制度的法律表现形式"。② 而这一论断，已然说明了我国的法治体系与社会制度之间存在着内在联系，同时也指出中国特色社会主义法治体系的发展必须以坚持中国共产党的领导为根本，保证制度属性与前进方向不错位、不偏移，保证中国特色社会主义法治体系的发展符合社会主义道路，并努力贯彻中国特色社会主义法治理论。要形成有力的法治保障体系，同时还要求我们必须贯彻我国的根本政治制度，坚持人民代表大会制度，坚决杜绝西方"三权分立"；坚持中国共产党领导的多党合作与政治协商基

---

① 王学俭：《十八大以来党的治国理政思想研究》，人民出版社 2017 年版，第 141 页。
② 《习近平关于全面依法治国论述摘编》，中央文献出版社 2015 年版，第 35 页。

本政治制度，谨防部分人强调的多党派轮流竞选、轮换执政。综上所述，我们必须坚信中国特色社会主义制度，坚持制度自信，努力推动社会主义民主政治法治化。

第三，高素质法治人才队伍是全面推进依法治国的组织和人才保障。全面推进依法治国，建设一支德才兼备的高素质法治队伍至关重要。加强法治专门队伍、法律服务队伍和法学专家队伍建设，加强机构建设和经费保障，大力提高法治工作队伍思想政治素质、业务工作能力、职业道德水准，着力建设一支忠于党、忠于国家、忠于人民、忠于法律的社会主义法治工作队伍，为加快建设社会主义法治国家提供强有力的组织和人才保障。国家兴盛离不开人才的培养，要形成有力的法治保障体系就必须构建完备的法治教育体系与法律职业保障体系。《中共中央关于全面推进依法治国若干重大问题的决定》指出："全面推进依法治国，必须大力提高法治工作队伍思想政治素质、业务工作能力、职业道德水准，着力建设一支忠于党、忠于国家、忠于人民、忠于法律的社会主义法治工作队伍，为加快建设社会主义法治国家提供强有力的组织和人才保障。"思想政治教育是法治教育的前提和基础，摆正政治立场，坚持和强化自身职业道德与操守，才能从根本上提升公民的政治素养和法治素养，同时不断巩固专业知识。在法律职业保障方面，必须重视司法权威，尊重法律的神圣性，牢固树立法律至上的理念，捍卫法律的尊严。科学合理确定司法工作人员的物质需要，保障检察官与法官的物质基础，稳定司法队伍；切实维护律师的合法权利，保障其依法合理行使自身权利，发挥律师在促进法治中的积极作用，进一步深化改革律师队伍。

我国专门的法治队伍主要包括在人大和政府从事立法工作的人员，在行政机关从事执法工作的人员，在监察机关从事监察工作的人员，在司法机关从事司法工作的人员。全面依法治国，首先要把这几支队伍建设好。要按照政治过硬、业务过硬、责任过硬、纪律过硬、作风过硬的要求，教育和引导立法、执法、监察、司法工作者树立社会主义法治理念，恪守职业道德，做到忠于党、忠于国家、忠于人民、忠于法律。法律服务队伍主要包括律师、公证员、司法鉴定人员、仲裁员、人民调解员、基层法律服务工作者、法律服务志愿者。法律服务队伍是依法治国的重要力量。要大力加强法律服务队伍思想政治、职业道德和专业素养建设。律师队伍是依法治国的一支重要力量，要大力加强律师思想政治建设，把拥护中国共产党领导、拥护社会主义法治作为律师队伍从业的基本要求。法学专家队伍包括法学教育和法学研究队伍。法学教育要处理好法学知识教学和实践教学的关系。要打破高校和社会之间的体制壁垒，将实际工作部门的优质实践教学资源引进高校，加强校企、校地、校所合作，发挥政府、监察委员会、法院、检察院、律师事务所、企业等在法治人才培养中的积极作用。实际工作部门要选派理论水平较高的专家到高校任教，参与人才培养方案制定、课程体系设计、教材编写、专业教学，把社会主义法治国家建设实践的最新经验和生动案例带进课堂教学中。从事法学教学和法学研究工作的人员和法治实际工作部门的人员，要相互交流、取长补短，把法学理论和司法实践更好结合起来。

第四，中国特色法治文化是全面推进依法治国的丰厚文化保障。"法治精神是法治的灵魂。人们没有法治精神、社会没有法治风尚，法治只能是无本之木、无根之花、无源之水。""只有内心尊崇法治，才能行为遵守法律。只有铭刻在人们内心中的法治，才是真正牢不可破的法治。"这些重要论述揭示出法治既是一种理性的办事原则，体现为普通民众遵从法律，崇尚法治，知法懂法用法护法；更是一种文明的生活方式，体现为法治意识、法治观念、法治精神深入人心。古人云："立善法于天下，则天下治；立善法于一国，则一国治。"其中之"善"，就是要符合我国的基本国情，体现出人民利益至上，以民为本，中华民族拥有几千年的历史，文化底蕴深厚，法律文化传统悠久，也是我国现代推动法治的重要本土文化资源与经验。对传统法律文化我们需要"取其精华，去其糟粕"，并且推陈出新，革故鼎新，同时学习国外先进经验，但这并不意味着对外国法治理念的照搬，基于此，将更有利于丰富和发展中国特色社会主义法治文化。

五、形成完善的党内法规体系

治国必先治党，治党务必从严，从严必依法度。无论是从正面总结经验还是从反面总结教训，我们党都深刻意识到"国要有国法，党要有党规党法"，"没有党规党法，国法就很难保障"。让党内法规的制度优势持续转化为管党治党、治国理政的治理效能，使党内法规制度更加契合全面依法治国实际，为中国特色社会主义法治体系的建设完善提供有力保障，为实现第二个百年奋斗目标提供重要支撑。2017 年 6 月，中共中央印发《关于加强党内法规制度建设的意见》（以下简称《意见》），《意见》贯彻落实以习近平同志为核心的党中央关于全面从严治党、依规治党的重大决策部署，从指导思想、总体目标、加快构建完善的党内法规制度体系、提高党内法规制度执行力、加强组织领导等方面，对加强新形势下党内法规制度建设提出要求。党的十八届四中全会提出，要"形成完善的党内法规体系"，《意见》在此基础上指出，完善以"1＋4"为基本框架的党内法规制度体系，即以党章为根本，以民主集中制为核心，不断完善党的组织法规、党的领导法规、党的自身建设法规、党的监督保障法规，构建内容科学、程序严密、配套完备、运行有效的党内法规体系。《意见》对党内法规制度体系建设提出了明确的目标指引。在新的历史起点上完善党内法规体系，必须坚持以习近平新时代中国特色社会主义思想为指导，并将这一重要思想对党和国家的各项要求转化为制度规定、确立为制度遵循，通过完善的党内制度保障党的工作与国家运作始终在这一重要思想的引领下，沿着正确的道路前进。

在新的历史起点上完善党内法规体系，必须深入贯彻习近平法治思想，把形成完善的党内法规体系作为建设中国特色社会主义法治体系、建设社会主义法治国家的必然要求，将依法治国与依法治党结合起来，同时注重二者之间的协调性，形成优势互补，在准确把握国家法律体系与党内法规体系的同时，促进依法治国与依法治党共同发展，相辅相成、相互促进、相互保障，以更加完善的法治保证党履行好执政兴国的重大历史使命。

完善以"1+4"为基本框架的党内法规制度体系，是坚持党要管党、全面从严治党，不断推进党的自我革命，永葆党的先进性和纯洁性的关键环节，也是形成高效的党内法规制度实施体系、有力的党内法规制度建设保障体系的前提。要按照"1+4"的基本框架，把主干性、支撑性的中央党内法规制度先建起来，抓紧制定出台相关准则和一批条例。要完善配套法规制度，凡是中央法规制度明确要求配套的，都要及时制定具体的配套法规制度，确保形成上下衔接、严密科学的制度体系。① 不断完善党内法规，不断提高党科学执政、民主执政、依法执政水平，确保党始终成为中国特色社会主义事业的坚强领导核心。

（一）以党章为完善党内法规体系的根本遵循

党章载明了党的性质、指导思想、纲领任务、组织结构、组织制度，党员的条件、权利、义务和纪律等内容，是立党、管党、治党的总章程，是全党必须共同遵循的根本行为规范和总规矩。党章是统一全党思想的根本准则，是规范全党行为的根本遵循，以保证全党在政治上、思想上的一致和组织上、行动上的统一。同时，党章也是党的根本大法，准则、条例、规则、规定、办法、细则等其他党内法规制度的制定必须依据党章来进行，党内法规制度体系必须围绕党章的原则和规定而建设。在"1+4"体系中，党章居于根本地位，建立健全党内制度体系，要以党章为根本依

———————————

① 金成波：《完善以"1+4"为基本框架的党内法规制度体系》，《中国党政干部论坛》2017年第8期。

据；党的自身建设及党的事业，要以党章为基本标准；解决党内矛盾、调整党内关系，要以党章为根本规则，要始终坚持党章作为完善党内法规体系的根本遵循。

（二）完善党的组织法规制度

完善党的组织法规制度，不仅要从党的各级各类组织的产生着手，也要规范其职责及运行，全面规范党的各级各类组织的产生和职责，全面把握并解决党的组织法规制度运作过程中暴露出来的种种问题，从而为管党治党、治国理政夯实组织制度基础。党的组织法规制度侧重从"主体"上解决各级各类党组织的产生、职责和运行方式问题，充分贯彻马克思主义建党原则，全面建设健全党的组织，充分发挥党的组织严密性。然而，自改革开放以来，资源配置方式和组织管理模式也随着改革发展发生了改变，组织观念薄弱、组织涣散等问题逐渐暴露出来，严重影响了党的执政能力和执政水平。加强全党的组织纪律性，首先就是要建立完善的党的组织法规制度。自建党以来，党的组织法规制度为党在不同时期的发展提供了重要保障，至今已经形成较为完备的法规制度体系，包括民主集中制的基本组织原则、党管干部和党内民主生活等基本组织制度、党的中央地方及基层组织的设置与职权职责、党组工作及党校工作等各项内容。其次要通过党的组织法规制度建设来规范党内生活，发扬党内民主的优良传统和独特优势，增进党内和谐，维护党的团结统一，为从严管党治党、充分发挥组织优势打下良好的制度基础。

（三）完善党的领导法规制度

完善党的领导法规制度，为党发挥总揽全局、协调各方的领导核心作用提供重要制度保证，同时加强和改进党对各方面工作的领导。党的领导法规制度侧重从"行为"上解决党的领导和执政活动问题。中国共产党是中国特色社会主义事业的领导核心，全国各族人民实现社会主义现代化宏伟目标需要党的领导。党章总纲部分明确规定，党的领导主要是政治、思想和组织的领导。其中，政治领导，就是政治方向、政治原则、重大决策的领导，集中体现在党的路线、方针、政策方面；思想领导，就是理论观点、思想方法以至精神状态的领导；组织领导，就是通过党的各级组织、党的干部和广大党员，组织和带领人民群众为实现党的任务和主张而奋斗。党的十八届三中全会提出的科学执政、民主执政、依法执政为坚持完善党的领导法规制度提出了基本要求和原则，在此基础下，要更好地发挥党总揽全局、协调各方的作用，加强和改进党对各方面工作的领导，要求应当在政治、思想和组织领导等方面完善党内法规，以锻造坚强的领导核心，使党内法规始终服务于为人民谋利益的初心和宗旨。

（四）完善党的自身建设法规制度

完善党的自身建设法规制度，加强党的思想建设、组织建设、作风建设、反腐倡廉建设，深化党的建设制度改革，增强党的创造力、凝聚力、战斗力。党的自身建设法规制度是解决党的建设问题的一个落脚点，侧重"行为"方面。党的自身建设，笼统地讲包括思想建设、组织建设、作风建设、反腐倡廉建设等方面。其中，思想建设是指党为保持自己的创造力、凝聚力和战斗力而在思想理论方面所开展的一系列工作；组织建设是指为完善党的干部队伍、党员队伍以及民主集中制所开展的工作；作风建设是指端正党组织和党员的思想作风、工作作风和生活作风，树立与党的性质和宗旨相适应的良好风尚的工作；反腐倡廉建设是以预防和惩治权力滥用为中心内容、以防止和反对腐败，保持执政党的各级组织廉洁为主要目标的党的建设实践活动。党的十八大以来，党中央特别重视完善党的自身建设方面的法规制度，从各个方面逐个击破，全面完善党的自身建设：在思想建设方面，发布实行了《关于新形势下党内政治生活的若干准则》，这印证了党的思想政治建设是第一要务，强调必须坚定理想信念，坚持党的政治路线和思想路线，坚决维护党中央权威，保持清正廉洁的政治本色等；在组织建设方面，修改并正式施行了《干部教育培训工作条例》，印发了《党政领导干部选拔任用工作条例》《推进领导干部能上能下若干规定（试行）》，发布了《关于进一步做好领导干部报告个人有关事项工作的通知》等，这为建设高素质的党政干部队伍、提升执政能力添砖加瓦；在作风建设方面，出台了《十八届中央政治局关于改进工作作风、密切联系群众的八项规定》，制定了《党政机关厉行节约反对浪费条例》以及规范党政机关公务接待、用车、会议、培训、差旅、办公用房行为的一系列文件，作为党政机关及其工作人员针对性和指导性的行为指南，对于加快工作人员转变工作作风具有重要意义；在反腐倡廉建设方面，修订了《中国共产党廉洁自律准则》，坚持以正面倡导的方式，是党章中对廉洁自律要求的具体化。从党的思想建设、组织建设、作风建设以及反腐倡廉建设出发，能够进一步完善党内自身建设法规制度，实现各项制度的规范化和精细化，使党内风清气正的政治生态和政治文化得以实现。

（五）完善党的监督保障法规制度

完善党的监督保障法规制度，切实规范对党组织工作、活动和党员行为的监督、考核、奖惩、保障等，确保行使好党和人民赋予的权力。从"监督保障"保障角度出发，党的监督保障法规制度为解决党内监督、问责、党纪处分、党员权利保障、党的机关运行保障等问题提供思路和方法。细分开来，党的监督保障法规制度包含两部分内容。一部分是党的监督制度，不仅包括《中国共产党党内监督条例》作出的规定，还包括《中国共产党问责条例》规定的对党组织及其主要负责人的问责，《中国共产党纪律处分条例》规定的对于党组织以及党员违反党纪和国法受到的党纪处分，《中国共产党巡视条例》规定的对于巡视巡察工作的机构、人员、方式、权限及程序等的规定等；另一部分是党的保障制度，主要包括《中国共产党党员权利保障条例》对于党员享有的党章规定的各项权利及其保障措施和责任追究的规定，以及对党组织工作及党员行为的考核与奖惩，如《关于改进地方党政领导班子和领导干部政绩考核工作的通知》中完善发展成果考核评价体系的举措。完善党的监督保障法规制度是保证党的先进性和纯洁性的应有之义，要求必须做到明确责任，严明奖惩，达到保障与激励、监督与惩戒协同作用，真正实现纪严于法，纪在法前，严守纪律底线，在保障党员权利的前提下加强监督，高标准严要求。

根据《意见》要求，要形成高效的党内法规制度实施体系、有力的党内法规制度建设保障体系，应当以完善"1+4"为基本框架的党内法规制度体系为前提，同时完善党内法规制度体系也是从严治党，保持党的先进性和纯洁性，增强党抵御风险和拒腐防变能力的关键环节。因此，必须扎实推进党的法规制度体系建设，推动全面从严治党体制机制不断创新。

第四章 建设社会主义法治国家的路径选择

一、建设社会主义法治国家的道路选择

道路决定方向，方向决定命运。道路问题事关法治建设成败问题，党的十一届三中全会以来法治建设取得成就，归根结底就是因为找到了正确的方向、开辟了中国特色社会主义法治道路。建设社会主义法治国家必须走对路，坚决不能脱离我国国情，要立足于中国现状，走适合中国国情与实践的法治道路，决不能照葫芦画瓢，决不能照搬西方政治模式。党的二十大报告强调："我们要坚持走中国特色社会主义法治道路，建设中国特色社会主义法治体系、建设社会主义法治国家，围绕保障和促进社会公平正义，坚持依法治国、依法执政、依法行政共同推进，坚持法治国家、法治政府、法治社会一体建设，全面推进科学立法、严格执法、公正司法、全民守法，全面推进国家各方面工作法治化。"

（一）以党的领导为指引方向

历史充分地证明，自从有了党，在党的领导下，中华民族结束了被压迫、被剥削、被奴隶的屈辱历史，中国人民从此挺直腰杆、当家作主，把政权掌握在自己手里，迎来了从站起来、富起来到强起来的伟大飞跃。从1998年抗洪抢险、2002年抗击非典、2008年地震救灾，到成功举办2008年奥运会、2010年世博会，再到2020年阻击新冠疫情，2021年脱贫攻坚

战取得全面胜利，2022 年成功举办北京冬奥会，我们之所以能一次次成功抵御风险挑战、攻坚克难，成功举办世界性的盛会，从一个胜利走向另一个胜利，从一个成功走向另一个成功，国家政治和社会大局持续稳定，都得益于党的领导，离不开党的英明决策。历史和实践反复证明，在坚持中国特色社会主义法治道路上，坚持党的领导是不能动摇的。

首先，需要明确的是，党的领导和法治二者是高度统一的，不是相互对立的。党的领导是坚持中国特色社会主义法治道路的灵魂所在。党的领导是经历了历史和实践检验的中国特色社会主义事业的根本保障。新时代，否定、脱离党的领导，社会主义法治国家的建设则会停滞不前，国家的长治久安就得不到保证，中华民族的伟大复兴则步履维艰。党领导人民在革命、建设、改革阶段所取得的成就是经过宪法从根本法的高度予以充分肯定的。

其次，坚持党的领导是新中国成立以来法治建设总结出来的一条基本经验。短短 70 余年，我国的法治建设随着社会深刻大变革经历了一段伟大的历史进程，取得一系列伟大的突破，凝结着共产党人的智慧。回顾我国法治建设进程，以党的十一届三中全会精神为重大指引，我国法治建设开始了一轮新发展。党的十五大提出依法治国方略、十六大提出"依法执政"伟大命题、十八大提出推进全面依法治国若干问题，十九大之后，党中央对全面依法治国作出重大决策部署。

办好中国的事情关键在党，正是因为在法治建设过程中坚持了党对全方位深层次的领导，我国社会主义法治建设才能在改革开放 40 多年时间取得巨大的成就。党的领导地位得到了根本法的确认。坚持党的领导，是全面推进依法治国的题中应有之义。党的领导和法治具有高度的一致性，不少人把党和法治对立起来，对二者的关系模糊不清。在法治建设过程中，有人主张实行西方"多党制""三权分立"，实际上这种观点忽视了在党的领导下所取得的一系列成就、忽视了我国基本国情，否定了我国社会主义制度；另外还有人认为强调法治可能会弱化党的领导，阻碍党的领导权，不利于党的各项方针政策贯彻落实。实际上有上述两种想法的人，缺乏辩证统一的思想，割裂了党的领导和法治，没有正确认识党的领导和法治的一致性。一方面，社会主义法治离不开党的领导，这是由党成立以来领导中国人民进行法治建设得出来的宝贵经验；另一方面，党和法、党的领导和依法治国是高度统一的，党确保各项事业顺利推进需要发挥法治的保障作用。历史和中国特色社会主义事业证明，确保人民当家作主、依法治国的顺利实现，必须坚持党的领导。

坚持党的领导不是一句停留在口头上的呐喊，具体而言体现在党领导立法、保证执法、支持司法、带头守法四个层面。

1. 党领导立法

党领导立法是我国法治建设总结出来的一条基本经验。在我国，党领导立法主要是通过支持权力机关依法行使立法职权，使党的主张通过法定程序和方式成为法律，从而实现党的领导，保障党的路线方针政策得到全面贯彻和有效执行。党领导立法是依法领导、遵循一定途径和方式的领导。立法规划是立法的前置环节，需要经过人大常委会党组报送同级党委或上一级党组审查批准后才能执行。全国人大的立法工作计划、重要立法项目，需要提交中央全面依法治国委员会审议。那些主题重大、政治敏感、涉及面广、社会高度关注、情况复杂的重要法律草案需要由全国人大常委会党组提交中共中央审议和批准后才能正式进入全国人大常委会或全国人民代表大会的立法议程。人大常委会党组保持对立法工作的领导，确保立法过程顺利吸纳党的主张。在人民代表大会闭会期间，由人大常委会党组贯彻党的意志和主张，将党委的决定转变为人大常委会的决定和行动。①

2. 党保证执法

党保证执法，不是党对执法活动的干预，而是政治领导、思想领导、

---

① 陈柏峰：《习近平法治思想中的"党的领导"理论》，《法商研究》2021 年第 3 期。

组织领导。党的十八大以来，党中央执法理念发生深刻变革，推动转变政府职能、调整政府组织结构、加快建设法治政府，重视公众参与、致力于打造协商民主机制，广泛动员社会主体参与社会治理。党保证执法，要求科学配置执法权，提升执法效率，建立权责统一、权威高效的依法行政工作体制；要求完善上下级政府和各职能部门之间的公务衔接，合理配置执法权，使上下级政府和各职能部门之间相互配合又相互监督与制约；要求深化政治立场、民主意识、法治观念教育，各执法组织和执法人员在思想上要牢固树立"四个意识"，坚决服从党中央集中统一领导。

3. 党支持司法

党支持司法就是党保证司法机关依法独立行使职权。要确保审判机关、检察机关依法独立公正行使审判权、检察权。司法不能受权力干扰，不能受金钱、人情、关系干扰，防范这些干扰要有制度保障。有观点将司法机关独立行使职权与党的领导割裂开来，实际上是对司法机关独立行使职权的内涵认识不清。司法机关独立行使职权要求司法工作人员"只服从于法律和事实"，不受其他机关、组织、个人的干涉。党的十八大以来，党中央深入推进司法制度改革：设立最高人民法院巡回法庭；健全司法权力运行机制，实行办案质量终身负责制和错案责任倒查问责制，让审判者裁判、由裁判者负责，一批司法不公的案件得到依法纠正；推进阳光司法，及时公布案件裁判依据、审理程序、结果和裁判文书，防范暗箱操作，提高司法公信力。

4. 党带头守法

党带头守法，是党的宗旨、性质决定的。治国必先治党，治党必须从严。打铁还需自身硬，在全面依法治国过程中，各级党组织和全体党员应当带头尊法、学法、守法、用法，带动全社会形成办事依法、遇事找法、解决问题用法、化解矛盾靠法的良好法治环境。[1] 坚决反对领导干部以权

---

[1] 黄文艺：《坚持党对全面依法治国的领导》，《理论导报》2021 年第 2 期。

压法、以言代法，任何人都必须在宪法和法律框架内活动。党员领导干部作为全面依法治国伟大工程的组织者、推动者、执行者，是全面依法治国的"关键少数"。党员领导干部法律素质的高低直接影响法治国家建设得顺利与否。因此，各党员干部必须带头尊崇法治、依法办事、敬畏法律，决不以言代法、以权压法，时刻自省、保持自律，发挥引领示范作用。

（二）以人民利益为根本诉求

宪法总纲第一条就明确我国的根本制度是社会主义制度。从历史和现实、从理论和实践来看，法律以根本法的高度确保了人民能够当家作主，也确保了人民在全面依法治国中的主体地位，彰显了我国的制度特色与优势。人民的福祉就是最高的法律。当前我国社会主要矛盾的变化反映在法治领域就是，人民对公平、正义、人权等价值追求，对法治美好生活的期待，以及对保障人身权、人格权、财产权及其他权利的需要，与我国当前法治建设存在的立法缺位、执法不严、司法不公、监督不力之间的矛盾。因此，坚持人民主体地位，就是要树立"以人民为中心"的发展思想，就是要重点解决当前法治建设存在的立法缺位、执法不严、司法不公、监督不力之间的矛盾；就是要把体现人民利益、反映人民意愿、维护人民权益、增进人民福祉、促进人的全面发展作为法治建设的出发点和落脚点，落实到依法治国全过程各方面。①

法为民而治，依法治理国家是否成功，关键看是否符合人民对平等、公平、正义等价值的期待，是否真正保障人民根本利益，是否解决触及人民利益的疑难问题，是否提升人民的获得感、幸福感、安全感，是否得到人民内心的拥护和真诚信仰。

第一，立法工作坚持以人民为中心。最重要的就是要通过法律将人民

---

① 冯玉军：《论中国特色社会主义法治道路的内涵、特征、优势》，《河北法学》2021年第2期。

的需要、人民根本利益充分体现出来，更好地以法律的形式来表达人民对美好生活的需求和意愿。衡量一部法律是否为良法的重要因素是看其多大程度上维护了人民的利益、体现了人民的意志。因此，立法工作要以始终实现好、维护好、发展好人民群众的根本利益为目标，拓宽人民参与立法的各种途径和方式，让民主贯穿立法全过程，反映社情民意，实现科学立法、民主立法。

统筹协调各种利益关系是立法工作的难点。这既要求在立法中正确协调最广大人民与其他群体的利益、当下利益与长远利益、不同性质的利益等关系，也要求在统筹兼顾各方正当利益的同时，通过法律切实解决人民群众最为关切的现实利益问题。立法坚持以人民为中心，对立法质量提出了更高的要求。现实生活中，有些法律尽管制定出来了，但是可操作性不强，实施效果不好，难以真正满足人民对立法的需求。因此，立法工作中要克服形式主义，制定真正有效的法、管用的法，为解决人民群众的实际问题提供充分有效的法律依据。

第二，要坚持执法为民。法律的生命与权威均在于实施，法治从理论上升至实践关键看人民是否信仰、接受、遵守法律。执法者忠实地执行法律，本身就是增进人民福祉、实现人民意志、体现人民利益的表现。不被信仰与遵守的法，是形同虚设、无意义的法。一方面，正所谓"民之所欲，法之所系"，这就要求，立法层面要体现民意、汇集民意、凝聚人民群众的智慧，使法律回应人民群众的期盼，实现科学立法。另一方面，在法律的实施层面，司法资源具有局限性，所以需要树立人民参与治理的主体地位，调动人民在举报、投诉、监督等环节的优势。中共中央、国务院印发的《法治政府建设实施纲要（2021—2025 年)》提出，坚持以人民为中心，一切行政机关必须为人民服务、对人民负责、受人民监督。这一原则为法治政府建设坚持以人民为中心提供了根本遵循。政府权力的法治化，必须建立在以人民为中心的基础上。依法行政，要求行政权力的行使要符合合法性要求，要严格遵守程序。但是，由此也可能导致过度程序化，权力空转，出现形式主义的弊病。因此，既要坚持法无授权不可为、法定职责必须为，也要明确其前提就是"权为民所用、利为民所谋、情为民所系"。建设法治政府与建设服务型政府，二者是一体的。

第三，要坚持司法为民。一是要切实将群众路线贯彻到司法工作中去，采取切实举措为人民群众提供有效便利的司法公共服务，保证司法工作服务于人民。要重点解决危害人民权益的突出问题，决不允许群众求助无门、打不起官司的情况发生。因此，要深入推进司法体制改革，维护司法权威，构建便民高效、公正透明的司法机制，增强主动公开、接受群众监督的意识，不断提高司法为民、公正司法的能力水平。二是要以人民正义来统摄司法正义。司法环节是法运行的各个环节中起决定性作用的关键一环，公正司法对维护社会公平正义具有重要引领作用。司法正义是通过个案来实现的，重视通过司法程序来实现个案正义。在司法正义和社会正义之间，有着一定的差异和距离。这就要求以人民正义来统摄司法正义，也就是习近平总书记所要求的"努力让人民群众在每一个司法案件中感受到公平正义"。

（三）以中国特色社会主义法治为道路选择

历史和实践深刻证明，中国特色社会主义法治道路是贯穿我国法治建设的生命线，是全面推进依法治国唯一正确的道路。改革开放以来，我国社会主义事业取得突飞猛进成就的同时，法治领域也取得了有目共睹的成就。在短短40余年时间能够取得历史性显著成就，归根结底在于我们选择了正确的道路，找到了正确的方向。

着眼全球法治发展走在比较前列的国家，我们得出了一个结论：这些国家在举旗定向这个首要问题上，通过探索找到了适合自己国情的发展道路，并且将这条法治发展道路服务于经济、政治、社会等各方面，均获得了重大成果。反之，如果我们在建设社会主义法治国家的起步阶段就迷失了方向、选择了错误的道路，忽略了我国自身国情、照猫画虎，一味照搬他国模式，法治建设就会寸步难行，进而反作用于社会生活的其他方方面面，进一步造成政治动荡、百业凋敝、民不聊生。离开中国实际情况的法治只能是纸上谈兵，全面推进依法治国，必须坚持中国特色社会主义法治道路。①

1. 坚持马克思主义普遍真理与中国具体实践相结合

马克思主义理论有着丰富的时代价值和严密的科学理论价值，是党的灵魂和旗帜。回顾党的百年波澜壮阔的奋斗历程，党一开始就坚定把马克思主义作为全党的指导思想，以此指导中国具体实践，夺取了新民主主义革命的胜利，实现了新民主主义到社会主义的顺利转变，坚持马克思主义基本理论为科学指引，坚持实事求是，把握历史主动，探索社会主义建设，深刻总结经验教训，成功开辟中国特色社会主义道路。马克思主义中国化时代化的进程，在法治层面上表现为在马克思主义法治理论指导中国法治建设基础上，与我国法治实践相结合不断自我完善与发展，并以中华优秀传统法律文化为基石，进一步丰富法治理论内涵，促进法治实践创新，开辟中国特色法治道路的过程。

党在马克思主义中国化时代化的过程中，根据我国社会主义事业发展的不同阶段的历史特点，从我国社会主义建设和基本国情出发，不断发展新的指导思想和理论，并以此来指导社会主义建设，坚持从实践中来到实践中去。党的十八大以来，以习近平同志为核心的党中央从事关党和国家前途命运高度出发，对我国以往法治建设经验进行提炼和升华，并对我国将来法治建设进行了前所未有的筹划，以前所未有的广度和深度全面推进依法治国，创造性地丰富马克思主义法治理论的时代内涵，形成了习近平法治思想。习近平法治思想深刻把握了法治建设发展规律，始终坚持马克思主义立场、观点和方法，始终坚持理论和中国法治实践相结合，始终坚持对马克思主义法治理论进行开放性发展，提出了许多具有时代性、创新

---

① 李龙：《法治模式论》，《中国法学》1991 年第 6 期。

性的新理念新思想新战略，开辟了法治理论的新境界，是当代最现实、最鲜活的马克思主义法治理论。

习近平法治思想集中体现了马克思主义实事求是、与时俱进的鲜明特征，将继续在中国法治实践基础上不断丰富而完善。坚持和继续发展中国特色社会主义法治道路是一项涉及社会方方面面的整体性工程，需要以习近平法治思想为指引，在党的领导下躬行实践，坚持运用唯物辩证法，总结经验，推陈出新，牢牢把握方向和原则不动摇，坚定自信，使这条康庄大道走得更稳、走得更好、走得更远。

2. 汲取传统法律文化精华，借鉴国外法治经验

五千多年中华文明史，孕育出了独树一帜的中华优秀传统文化，成为我国法律文化和法律精神的文化沃土。中华优秀传统法律文化是中华优秀传统文化在法治文明层面的具体表现，作为中华民族宝贵财富之一，也是建设社会主义法治国家的文化智慧宝库。

传统法律文化中的积极因素依旧是现代法治国家可以传承借鉴的有益资源。例如，中华优秀传统文化向来主张达到人与人之间的和谐，反映在司法层面就是对"天下无讼、以和为贵"的价值追求，所以过去中国被称为"礼仪之邦"，其主张的和谐无讼的价值追求符合当代人民调解制度的设立初衷，也是社会主义核心价值观所倡导的内容之一。传统法律文化主张"礼法结合，慎刑矜恤"的法治思想提醒我们在司法审判工作中注意审慎对待刑事案件，旨在维护司法公正、促进社会稳定。中华文化强调民为邦本、为政以德的民本思想同样深刻影响了中国古代治国要略，例如自汉唐以来，法律对老、幼、孕、残等社会弱势群体均作出了不同程度的减免刑罚以及不得使用刑讯的规定，体现出鲜明的人文关怀。现阶段我国法治建设取得的伟大成就与传统优秀法律文化彰显出的智慧是同根同源的，比如当今倡导的"德法共治"与古代"德主刑辅、明德慎罚"的慎刑思想有异曲同工之妙。古代开明的统治者均主张以德治民，发挥道德的教化作用，但德治缺乏国家强制力，因此又主张"徒善不足以为政"，以法律来支撑和配合以德治国。

全面依法治国，走中国特色社会主义法治道路，必须有我们自己的法律文化和法律体系予以支撑。中华民族有几千年延绵不断的文明史，反映在传统法律文化领域上，形成了独一无二的中华法系。中华优秀传统法律文化是中国的宝贵财富，也是世界法治文明的宝贵财富之一，更是新时代建设社会主义法治国家的文化沃土，为今天坚持走中国特色社会主义法治道路提供了十分丰富的智慧和文化资源。

我国古代法律是世界上历史最悠久，也是实施时间最长的，为当代建设法治国家提供知识智慧和理性思辨，其倡导的精神和价值追求历久弥新。汲取中华法律文化精华，借鉴国外法治经验，但决不照搬外国法治理念和模式。以中华优秀传统法律文化为基石，坚定文化自信，立足中国国情，坚持走中国特色社会主义法治道路。中华文化向来兼容并蓄，因此在建设社会主义法治国家，汲取传统法律文化精华的同时，也要注重与世界法治文化的交流互鉴。在尊重自身优秀法律文化的基础上，自信大度地开展域外法治文化交流，借鉴国外法治经验的过程中，要坚持以我为主、为我所用，形成符合我们国情的法治模式。坚决反对脱离我国实际，反对拿来主义，反对完全照搬西方法治经验的错误做法。特别是以我国现阶段法治问题为起点，结合中国法治建设的历史渊源和现实情势，借鉴当代法治文明，注重现代法治与中华优秀传统法律文化的融合，激活中华优秀传统文化的生命力，推动中华优秀传统法律文化在当代社会继续彰显无穷魅力和影响力。

二、建设社会主义法治国家的具体部署

（一）坚持依宪治国和依宪执政相结合

宪法是国家的根本法，法治权威能不能树立起来，首先要看宪法有没有权威。新中国成立和改革开放以来我国经济和社会发展历程充分证明，

我国宪法符合我国政治体制的实际情况、符合社会经济发展的客观规律、符合广大人民群众的切身利益，是一部彰显我国社会主义特色的好宪法。中国特色社会主义进入新时代，我国宪法的地位进一步显现，但是在实践中，有些领导干部和群众还存在着漠视宪法的现象。因此，坚持依宪治国、依宪执政要完善中国特色的合宪性审查制度和培育宪法精神。

1. 完善中国特色的合宪性审查制度

第一，统一审查主体，理顺不同审查主体之间的职能分工。从宪法和立法法的规定来看，我国建立了完备的合宪性审查制度。具体来说，由全国人大宪法和法律委员会承担各项规范性法律文件是否违反宪法的审查职责，由全国人大常委会作出处理决定。由于全国人大宪法和法律委员会属于全国人大专门委员会，而专委会的职责是协助全国人大常委会工作，所以宪法和法律委员应进行具体的审查工作，将审查建议和意见结果报送全国人大常委会，然后由其作出处理决定。全国人大常委会作为最高权力机关的常设机关，统一行使合宪性审查权是符合我国权力架构的。

国务院、地方政府和地方人大及其常委会对其下级报备的规范性法律文件只进行合法性审查，对于合宪性问题争议应当移送宪法和法律委员会。

第二，确立过滤机制，将法律纳入审查对象。确立过滤机制，就是确立合宪性审查内容的标准，标准的统一才能够使合宪性审查确定问题焦点，发挥其制度功能。在我国，国内学者提出合宪性审查标准应包括合宪性、合法性和适当性三个层次。合宪性的依据是宪法，合法性的依据是法律，适当性的依据是内容的合理性。进行合宪性审查时，应依次进行，先对审查对象的内容是否适当进行审查，然后对其是否具有法律依据进行审查，在穷尽适当性审查和合法性审查依然不能解决争议时，最后进行合宪性审查。这三个审查标准能够对"合宪性问题"和"合法性问题"的审查进行分流，并通过"过滤机制"将真正的合宪性争议凸显出来。同时，法律作为其他规范性文件的上位法，违反宪法精神具有最大的可能性，将法律纳入审查对象也是过滤机制的应有之义。只有将法律纳入审查对象中，在法律具有违反宪法的争议时，及时启动最高标准的合宪性审查，合宪性与合法性界限才能更加清晰，宪法的根本法地位才能够得到维护。

第三，加强审查程序建设，积极启动审查程序。合宪性审查机制的实施依赖于一系列完整协调的运作程序，落实提请主体的积极诉求和细化程序细节才能够推动合宪性审查工作的开展。

一是完善五类提请审查主体监督机制。由于立法法规定的五类主体碍于自身立法职能和利益考量，对启动审查程序动力不足，导致迄今为止还未出现过主动提请审查要求的局面。这就需要加强五类审查主体之间的相互监督沟通机制，在发现对方具有合宪性问题时协调沟通，在沟通没有结果时及时向全国人大常委会提出审查要求。同时，也要加强全国人大宪法和法律委员会以及全国人大常委会备案审查监督，以主动审查的方式，使五类主体处于合宪性控制之下。

二是积极扩大公众参与渠道，将审查结果向社会公开。合宪性审查制度的一项重要功能就是约束公权力，保障公民基本权利。一方面，拓展公民审查建议的方式，形成统一的接受公民审查建议的法律规定，以提高公众的参与度。另一方面，确立审查答复机制，回应公民审查建议，将审查结果和理由及时向社会公开，回应社会关切，也有利于提升公民宪法意识和启动合宪性审查程序的积极性。

三是完善审查期限、审查效力、审查结果的救济。明确审查的期限不仅是及时解决合宪性争议的要求，也是废止和撤销与宪法法律不相适应的规范性文件、保障法秩序稳定的要求。同时，在确定审查决定的溯及力时要考虑对公民权利的保护、信赖利益的维护和比例原则，从而维护审查机制的权威性。通过完善审查结果对当事人救济，确立是否有上诉机制以及因审查决定而予以对当事主体的赔偿，这也有助于我国合宪性审查程序以推动合宪性审查工作作为一种经常性制度。

2. 培育宪法精神

宪法精神是贯穿于宪法实施，以宪法文本形式表现出来的宪法本质及核心价值。对广大人民群众来说，就是要培养宪法精神、提升公民权利意识。我国宪法第五条明确规定："任何组织或者个人都不得有超越宪法和法律的特权。"这不仅意味着一切主体和行为都处于宪法规定之下，也意味着全社会需要有宪法至上的社会氛围。从我国历史经验和教训来看，如果不培养全社会的宪法精神和公民意识，就必然导致公权力的滥用，而公权力的滥用必然导致国家核心利益受损害。因此，培育宪法精神就是加强对公权力的约束，使国家机关和公民都在宪法的框架内运行活动，形成一个完整有序的整体，从而推动宪法实施，树立宪法权威。

（二）坚持扎实推进法治政府建设

1. 健全政府职能体系

第一，深化"放管服"改革，完善政府职能体系。一是推动简政放权向纵深发展，更好激发市场活力和社会创造力。"十四五"时期，要进一步深入推进简政放权，破除一切不合理的行政权力因素，继续坚持发挥市场在资源配置中的决定性作用，提高市场主体的创新意识和创新能力。深入推进各项改革制度，如商事制度改革、市场准入制度改革和投资事项改革，从企业、行业协会和社会组织的角度，进一步厘清行政权力的干预边界和范围，理顺权责关系，从根本上破除原有制度的不合理规范和外在约束，进一步提升各类市场主体参与市场竞争的主动性和积极性，为市场主体创新提供良好的营商环境。

二是加强事中事后监管。完善的政府职能体系要以促进社会公平正义、增进人民福祉为出发点和落脚点。创新和加强政府管理，推进监管体制改革，促进权利公平、机会公平、规则公平，让全体人民共享改革发展成果，使社会既充满活力又和谐有序。深化政府监管体制改革，健全事中事后监管体系。实施公正监管、综合监管，最终促进各类市场主体公平竞争，并保障各类市场主体的合法权益。

三是优化政府服务，提高行政效率。要切实为企业发展和人民群众生产生活提供优质、便捷服务，为形成更有吸引力法治营商环境和社会生活环境创造高质量的条件，这不仅契合新发展阶段政府的服务理念，也深刻体现着"以人为本"的服务型政府理念。服务型政府的最重要职能便是提供公共产品和服务，为民众生产生活提供切实保障。

第二，聚焦重点领域和关键环节，优化政府机构体系。一是以政府职能为基础优化机构设置。科学合理的政府职能体系是政府机构设置的基本依据。政府机构改革要尽可能减少具体审批事项，最大限度减少政府对市场的行政干预，要建立更加便民化和普惠化的公共服务体系，在事关人民群众切身权益的领域，优化政府职能，以更好地保障和改善民生。此外，坚持按照精简统一效能原则，统筹设立各项政府职能机构，提升政府职能部门的履职能力和履职效率。二是注重不同部门之间的横向协调。要注重不同部门之间协调，通过综合协调管理机构的设立，协调平衡政府部门之间的不同利益。三是优化不同行政层级间的权力配置。要进一步合理界定不同行政层级间职能配置、优化机构设置，发挥各自的比较优势。对那些由下级管理更为直接有效的事务，赋予其更广泛的自主决定权，使其能够结合自身实践优化职能，提升行政效率。

第三，加强政府自身建设，创新政府运行体系。一是完善决策权、执行权、监督权。通过建立健全决策、执行、监督相协调并适度分离的政府运行机制，形成结构合理、配置科学、程序严谨、制约有效的权力运行机制，真正做到政府决策科学民主、公开公正、监督有效。

二是完善政府科学民主决策机制。政府决策的科学化民主化水平不断提高。建立决策事项的预告制度、重大事项的社会公示制度和公开听证制度，完善重大决策的规则和程序，使政府决策行为得到规范。通过建立健全政府决策问责制度，保证政府决策的正确性和有效性，进一步健全完善行政权力监督机制。

三是完善政府绩效管理机制。按照建设服务型政府理念的要求，确立政府绩效管理的基本原则和基本方法，明确政府绩效评估主体、程序和标准，绩效评估内容应该主要包括法治建设情况、经济社会发展目标的实现状况、公共服务水平、环境保护情况、政府满意度等。①

2. 健全依法行政制度体系

第一，完善重点领域立法。一是运用大数据实现精细化立法。过去行政立法过程中存在不少争议，涉及价值立场问题，立法容易浮于表面，不切实际。彭真同志曾说，立法需要发现真问题，需要在矛盾的焦点上"砍一刀"。但如何"砍好这一刀"，始终是立法者们所要面对的难题。进入大数据时代后，可以直接用数据计算等方式为立法者提供便捷。因此，应当确立以数据来推动立法决策作为一项基本立法制度，形成精细化立法的重要方法。② 二是加快数据开放和风险防范立法。一方面是立法推动数据的开放、利用，加强信息之间的互联互通，促进数据经济的发展。另一方面是立法规范使用数据的相关行为，保障个人信息安全。

第二，完善行政规范性文件监督管理。一是提高行政规范性文件内部监督管理工作的定位。各级行政机关应当将行政规范性文件的内部监督管理工作作为法治政府建设的重点。各级行政机关主要负责同志应当作为本地区、本部门规范性文件监督管理工作第一责任人，加强对行政规范性文件内部监督管理工作的领导。

二是推动顶层设计，为开展行政规范性文件的监督管理工作提供制度保障。为了规范行政规范性文件的内部监督管理工作，国务院或者各省级政府应当推动行政规范性文件制定和监督管理条例立法工作，通过立法的方式对行政规范性文件的制定主体要件、职权要件和程序要求、外部性、不特定性、期限要素和公开等内容进行详细规定。此外，该条例还应当对制定

---

① 马宝成：《完善政府职能体系机构体系法治体系运行体系》，《国家治理》2020 年第 46 期。
② 江必新、郑礼华：《互联网、大数据、人工智能与科学立法》，《法学杂志》2018 年第 5 期。

机关内部制定程序、信息公开和方式以及政府内部监督形式、责任制度等进行详细规定，并明确向社会公开征求意见的行政规范性文件的范围。

三是强化行政规范性文件制定的程序要求。首先，行政规范性文件的制定应注重程序规则，严格遵循立项、调研起草、合法性审核、集体讨论决定、公布、备案等步骤；其次，在行政规范性文件的立项和起草时，制定机关应深入开展论证调研，广泛听取各方代表的意见。①

3. 健全行政决策制度体系

第一，完善行政决策程序。其一，公众参与。一方面，公众参与的前提是信息公开。一是要完善政府合法性审查建设中的信息公开制度。二是要推动信息公开配套设施建设，如充分利用大数据与互联网优势，构建合法性审查"大数据"中心。借助信息传递的乘数效应，加快政府合法性审查信息化、数字化进程，做好所需政府合法性审查资源整合。扩展合法性审查信息公开的深度与广度，建立相关的政府合法性审查门户网站以及建立信息共享体系，方便相关部门制定决策，促进合法性审查更具实效。另一方面，丰富公众参与。具体而言，一是在合法性审查的事前、事中和事后过程中，应当有代表不同利益的主体代表参与其中，在集思广益的基础上，制定更加科学的规划与策略。二是对在涉及重大领域的行政决策合法性审查中，例如农业、能源交通、城镇建设等相关项目，应当进行听证，征求社会各界包括专家、利益相关者或者其他社会公众的意见。三是对于管理机构以及公众之间构建良好的信任基础，鼓励公众积极参与，扩大信息公开，增强信息透明度，接受各方主体监督，最终实现各项决策民主科学化。②

其二，专家咨询。现代决策者所要解决的问题和承担的责任，所行使

---

① 金竹：《法治政府建设背景下行政规范性文件的内部监督》，《北京社会科学》2020 年第12 期。

② 柴晓宇、俞树毅：《试论流域资源冲突及其解决路径——基于西部内陆河流域的实证分析》，《兰州大学学报（社会科学版）》2009 年第 4 期。

的职权与他们的知识、能力之间的鸿沟愈加明显。要弥补这一差距，就必须发挥学者和专业人员的作用。专家群体参与合法性审查，有助于提高政府合法性审查质量。[①] 此外，要避免专家参与机制的固化所产生的"砖家"问题。首先，优化专家参与结构。政府重大决策事项和相关规章及规范性文件的发布不免涉及自然科学与社会科学领域，要囊括多学科专家，发挥多学科优势，科学评判。其次，建立专家的进入动态考核机制，"存优去劣"，保障专家意见的合理性。最后，探索专家意见的公示机制，以便专家意见的公开讨论和保障公众的知情权。

第二，改进行政决策的评估制度。其一，完善相关法律法规，实现第三方评估常态化、法治化。一是地方政府要确立重大行政决策第三方评估的法律地位和第三方评估主体的法定权利与职责。二是确定第三方评估主体范围，将地方高校、社会专业组织等纳入评估主体，并通过法律法规明确第三方评估主体的筛选范围和筛选资格。三是借鉴国外的经验，科学设置评估标准、量化评估内容和界定评估结果。评估结果必须具有一定的法律效力能够为政府部门所接受，并且做到真实、可靠和公开，要保证公众的知情权。政府对于评估结果应当予以充分尊重，不得无故取消评估结果。

其二，建立阳光透明的评估结果反馈机制。地方政府重大行政决策引入第三方评估目标在于得到有效反馈，使评估效益得到切实发挥，评估效益的发挥在于是否具备及时有效的反馈机制，良好的反馈机制可以将评估效果和决策过程有机统一，提升行政决策的科学性。此外，通过信息公开程序将评估的结果向社会公众公开，这在提升政府的公信力的同时，也能够促进社会公众参与到行政决策过程中，体现其"主人翁"意识。[②]

---

① 戴建华：《行政决策的程序价值及其制度设计》，《云南社会科学》2012 年第 4 期。

② 郭渐强、严明：《地方政府重大行政决策第三方评估机制研究》，《湘潭大学学报（哲学社会科学版）》2017 年第 5 期。

4. 健全行政执法工作体系

第一，优化配置地方府际间权限，深化综合执法体制改革。首先，纵向权限配置关系方面，需在省一级集权与地方市县乡分权间寻求平衡，在同一省域范围内省市县乡四级政府组织间寻求行政执法资源与利益的优化配置与衡平，以最大限度地发挥上级政府及其部门的宏观统筹协调能力与下级政府及其部门的自主自治与创新能力。斜向权限配置关系上，着重于互无隶属关系的政府及其部门间的权限配置，通过行政执法资源的统筹分配，使行政执法资源相对丰富的地区向资源相对贫瘠、行政执法法治化程度不高的地区输入法治改革红利，相互帮扶支持，以求得在法治化进程中逐步缩小差距，实现法治资源配置的实质平等。

其次，地方府际间权限在优化配置时，应注意将决策权、执行权、监督权适当分离。权力本就易被滥用，当行政权限划分不清，决策权、执行权、监督权纠缠交错时，实质上为滥用权力提供了更大的便利条件，进而使权力更容易被滥用。

最后，优化配置地方府际间权限。一是加强中央统筹，厘定综合行政执法的范围边界。二是理顺专业执法与综合执法的关系。对于那些专业性较强的执法职能事项，不适宜进行综合执法的，应交由专业执法队伍负责；而对于那些专业性弱、技术含量低、涉及多部门、协调难度大的执法职能事项，可以变为单一部门综合执法。三是加强综合执法队伍统一性建设。除逐步统一执法标准、执法文书、执法程序和执法内容等之外，加强综合执法部门内部分支机构的整合，增强分支机构间的协作交流。

第二，转变行政执法理念，创新执法方式。在行政执法理念的转变上，要将法治因素纳入绩效考核评价指标体系，健全奖惩监督问责体系，完善执法流程，运用程序性机制保障执法行为依法而为。加大宣传力度，综合采用多种方式提升行政执法人员法治素养，提升服务型政府的观念。行政执法方式要与时俱进，要积极运用大数据、互联网手段提升行政执法的效率。一方面，要继续完善行政处罚、行政许可和行政强制等传统执法方式；另一方面，要持续探索和完善协同合作监管、大数据监管、信用监管等现代化监管方式。通过传统监管和现代化监管的"双管齐下"，实现行政执法能力的提升。行政执法方式的创新离不开信息技术的支持，借助于大数据支撑所打造的信息化执法方式，在未来大有可为。同时，为避免运动式的行政执法导致的行政机关权力滥用和保障行政相对人合法权益，要注重通过柔性的行政执法方式减少"一刀切"式的传统行政执法，从而在高效利用行政执法资源、优化行政执法方式的同时，增进行政相对人对行政执法的理解和认同感。此外，"双随机、一公开"、约谈、投诉公告、行政执法质量评价指标体系等已经应用到社会的方方面面，但由于上述行政执法方式存在规则不完善、程序不流畅等问题，导致缺乏合法性基础。因此，在未来应当对行政执法方式予以重点关注和持续跟进完善，并将其纳入法治化轨道，增强行政执法方式的合法性。

5. 健全社会矛盾纠纷行政预防调处化解体系

第一，完善多元化行政争议源头预防机制。首先，完善与当事人间的沟通协商机制。就行政机关而言，听取行政相对人意见有利于行政决定的合理性；就行政相对人而言，听取意见能够使相对人更加信服行政处理结果。因此，在预防行政争议层面，听取行政相对人的意见不仅能实现与相对人的积极沟通交流，也能够为进一步预防行政争议奠定基础，同时，通过与当事人的沟通协商，行政争议也能够在行政机关内部予以解决，从而避免行政争议纳入法院受理程序，有效防止司法资源的浪费。因此，完善当事人之间的沟通协商机制对预防行政争议的产生及扩大具有积极意义。

其次，建立司法行政协作机制。司法行政协作机制即法院与行政执法机关或其领导、监督机关的沟通机制，其建立目的在于提升依法行政实效，减少行政争议。法院可以就可能会大规模提起行政诉讼的案件向行政机关提出司法建议，使行政机关及时改正违法行为或向行政相对人释明行为的合法性，以消除行政争议。在司法实践中，经常可以看到十几个甚至几十个行政相对人因不满行政机关作出的同一事项而分别向法院提起行政诉讼，法院分别作出判决的情况，这种目前普遍存在的现象极大增加了法院的审判压力。法院在审理案件时如遇到上述情况：一方面可以及时向行政机关提出司法建议；另一方面，法院也可以与行政执法机关的领导、监督机关建立协作关系，通过司法监督促进行政执法机关规范行使行政权力，从而从源头减少行政争议产生的环境。

最后，搭建行政争议预防沟通平台。预防沟通平台应当由各方主体共同参与搭建，行政机关、人民法院、基层司法行政机关和社区等组成。在基层发生纠纷后，基层司法行政机关和社区应当在当事人不能解决的时候及时将信息报送给行政机关、人民法院，并由行政机关和人民法院通过信息共享以加强行政争议当事人的沟通交流。行政争议预防沟通平台除促进各方主体信息交流之外，还能够综合了解各方当事人的诉求和理由，并通过平台的建议功能，使行政机关能够提前发现和介入潜在的行政争议。

第二，完善行政争议调解机制。一是应明确行政调解的范围。即除损害社会公众利益和违反当事人自愿以外，原则上都可以纳入行政调解范围。二是应当完善行政调解的主体，县级以上人民政府可以设立专门的行政调解委员会，聘任具有专业知识和实践知识的行政调解员，切实提高行政争议调解的有效性。三是应明确行政调解的基本程序，包括自愿原则、回避原则、正当程序原则等基本原则。四是应赋予行政调解一定的法律效力。行政调解协议签订后，双方当事人除发生法定的事由之外，应当履行行政调解的协议。

第三，发挥行政复议的"主渠道"作用。一是应明确行政复议"解决行政争议"的基本定位。一方面，实践中过于强调行政化而片面反对司法化、过于侧重层级监督而忽视争议解决的作用，致使行政复议的积极作用难以得到发挥。① 另一方面，行政复议由于属于行政内部的监督程序，容易发生维护行政机关决定的情形，因此难以受到行政相对人的信任和理

---

① 周佑勇：《我国行政复议立法目的条款之检视与重塑》，《行政法学研究》2019 年第 6 期。

解，一定程度上也影响了行政复议功能的发挥。要发挥行政复议解决行政争议的"主渠道"作用，应明确其基本定位，将解决行政争议、维护行政相对人合法权益作为行政复议的制度目标。二是应扩大行政复议案件的受案范围。在实践中，法院受理的行政案件大致可分为三类：具体行政行为、行政协议和行政事实行为。河南省高级人民法院对 2019 年行政机关败诉原因进行调研分析后发现，在行政机关败诉案件中，集体土地上房屋征收与国有土地上强拆等事实行为占比较大，这说明因行政事实行为引发的行政争议大量存在，而行政复议"具体行政行为"的受案范围显然难以发挥其解决行政争议的"主渠道"作用。三是应扩大行政复议前置的范围，以复议前置为原则。行政复议过于行政化等问题使得行政相对人大都直接选择提起行政诉讼，容易导致行政复议程序的虚置化。因此，要发挥行政复议的"主渠道"作用，就要适当扩大行政复议前置的范围，将大量行政争议纳入行政复议体系中，同时，完善行政复议的基本程序和复议渠道的救济，以真正实现行政复议的解决争议的功能。

6. 健全行政权力制约和监督体系

第一，用法治给行政权力定规矩、划界限。各级政府和行政机关工作人员拥有配置资源和管理社会的广泛权力，极易成为"围猎"目标，堕化成滋生各种权力寻租和贪污腐化现象的温床。加强对行政权力的监督与制约，用法治给行政权力定规矩、划界限，对于依法行政至关重要。一是通过党内监督加强对政府权力的制约。据统计，中国共产党员数量已超过了9800 万，党员既在党和政府中构成了中坚力量，也在行政权力行使的过程中具有突出地位。我国是中国共产党领导的社会主义国家，在针对行政权力监督的过程中，应当着重强调党内监督的重要意义和制度功能，党内监督失灵容易导致其他监督机制的失效。因此，应当加强党内监督的顶层设计，协调完善党内监督与其他监督模式，多管齐下，形成多作用和多机制的监督渠道，促成监督合力。二是坚持让人民群众监督行政权力。制度创新的基础是民众的广泛参与，作为国家法治政府建设和行政权力监督的主要参与者，要想使监督机制真正产生作用，必须强化民众的参与，尊重人民主体地位。为此，要增加群众参与行政权力行使的监督渠道，畅通民意表达，广泛开展听证制度、民主议事制度等群众参与监督制度，保障群众建言献策渠道畅通，引导群众合法表达，推动行政监督机制的完善。三是强化人民法院、检察院对行政权力的司法监督。行政公益诉讼自 2017 年 7 月 1 日常态化运行以来，对规范行政权力发挥了积极作用。但行政公益诉讼面临的许多问题仍待实践发展和规则的完善。首先，要拓宽行政公益诉讼的受案范围。目前行政公益诉讼的受案范围主要集中于行政诉讼法规定的四大领域和英雄烈士保护法规定的英烈名誉荣誉保护领域，难以有效囊括所有社会公共利益受损情形，各地司法实践也早已突破上述范围。对此，可采用"列举 + 概括"的立法形式，除现有"4 + 1"领域外，还应扩充至安全生产、公共卫生、文物遗产保护、妇女儿童及残疾人权益保护等领域。其次，履行职责主体和标准还需进一步明确。考虑到行政公益诉讼的设立目的，应当适当拓宽被告资格的限定。最后，检察机关调查取证能力相对受限，可以考虑将检察机关在行政公益诉讼中的调查取证权上升至法律规定，并赋予一定的强制性权力。

第二，严格规范行政自由裁量权。事实上，在严格推进依法行政的今天，那些明显无视法律规范的严重行政违法行为确实已较少见，更为普遍的是滥用行政自由裁量权。在现代行政法中，行政自由裁量有着适应社会经济发展和行政规制的需要，是为了更好地实现个案正义。而个案正义通常被认为比由精确的规则推导出来的结果更好。① 其一，要完善行政裁量过程的信息公开。如在行政执法领域，尤其涉及行政调查、行政检查、行政处罚与行政强制时，则应当与行政执法三项制度相匹配，对内将执法流程中所需要遵守的行政程序电子化，对外利用电子平台公示执法基本信息

① 孙海波：《在"规范拘束"与"个案正义"之间——论法教义学视野下的价值判断》，《法学论坛》2014 年第 1 期。

（包括适用的裁量基准）和结果信息，将执法全过程（启动、调查取证、审核决定、送达执行等）予以记录，鼓励利用裁量辅助系统的同时，要求在行使具体裁量权时，对裁量进行说理并同样予以文字或者音像记录，对裁量也进行全过程留痕和可回溯管理。[①] 其二，完善事后听证程序。在听取相对人的陈述、申辩的同时，可以通过事后听证的程序设计，[②] 以行政机关为主导，借助第三方机构对相对人的陈述、申辩理由进行判断，保障听证的公平与公开，促进相对人权利的正常行使，维护其合法权益。

第三，以公开促公正，以透明促廉洁。首先，统筹推进政府信息公开平台建设。目前，各级政府及相关行政机关官网是政务信息公开的主要平台，但政务公开平台过多，易造成重复建设，同时也不利于社会公众查询。因此，应统一规范各级政府及行政机关的官网平台，探索在全国范围内稳步推进建立统一的政务公开平台，便于公众查询。其次，着重提高政务舆情回应工作能力。针对当前社会敏感问题多、热点事件多的情况，各级政府和行政机关应强化政务舆情应对能力，提高舆论发展敏锐性和预见性，加强舆情监测和研判能力。面对群众呼声热点、社会矛盾焦点，严格落实政务舆情回应责任，及时作出权威、实质回应，推动问题解决，提前化解潜在风险。最后，重点加强公共企事业单位信息公开体系建设。对于公众高度关注、存在廉洁风险的重点领域，如土地征收、公共工程建设、财政资金使用、国有资产处置、政府采购等，尤其需向行政相对人、利害相关人进行主动公开，便于社会监督制约。

（三）坚持全面提升司法质效

1. 建立一体化智慧司法平台，实现司法数据共享

第一，要落实好人民法院在线诉讼、在线调解、在线运行三大规则和

---

① 查云飞：《行政裁量自动化的学理基础与功能定位》，《行政法学研究》2021 年第 3 期。
② 刘东亮：《技术性正当程序：人工智能时代程序法和算法的双重变奏》，《比较法研究》2020 年第 5 期。

加强区块链司法应用意见，综合考虑当事人意愿、案件性质特点、信息技术条件等因素，合理准确适用在线审理机制，充分保障当事人选择权和知情权，确保审理方式有效服务案件质效提升。要坚决摒弃"在线审理就是简化审理"的错误认识，不得因为审理方式和环境的改变而违反正当程序原则，确保在线诉讼"降成本不降质量、提效率不减权利"。

第二，要探索建立符合地方实际的一体化智慧司法平台，实现司法数据共享。当前，地方各级法院智慧司法平台不一，不同平台间相互链接不畅，难以有效实现司法数据资源的在线一体共享。就此，应有序推进四川省司法跨区域、部门大数据开放共享和系统集成，探索建立大数据协同共享机制，共享司法核心数据。鼓励有条件的单位，运用大数据、云计算、人工智能、区块链等现代科技手段，实现核心数据对接，探索建立跨部门司法大数据共享平台。通过锁定核心数据，明确数据共享范围，确定数据开放共享的相关责任部门、职责权限、保密义务，分步推进跨部门大数据开放共享平台建设，破解数据孤岛问题。在相关经验成熟以后，可考虑适时推进一体化智慧平台司法数据共享方面的专门立法，完善司法数据采集、司法数据处理、司法数据安全等方面的标准，全面提升四川省司法大数据开放、安全共享一体化应用的法治化水平。

2. 优化审判质量及量化标准，提升司法质效

第一，以优化审判资源配置提升司法质效。借助案件实行繁简分流，如让资深法官承担重大疑难复杂案件的审判工作，让年轻法官更多承办事实和法律关系相对简单的案件，以保证办案数量和审判效率。在此基础上，建立适法统一机制，强化类案的宏观指导，对个案提供智力支撑。如审委会可以定期通报已形成的同类案件处理规则，适度审慎发挥专业法官会议等资源作用。

第二，遵循司法规律，坚持问题导向。首先，审判质量及量化标准要密切关注人民群众司法需求和获得感，围绕质量、效率、效果三个维度，科学推进质效指标体系优化。其次，做深做实诉源治理。深入落实省委关于源头治理相关文件精神，持续优化诉前调解指标评估体系，转变诉源治理理念，强化全链条质效管理，推动败诉服判、案结事了。再次，进一步抓实初始案件质量，推动纠纷一次性解决，围绕"三个效果"的统一，探索完善基层法院案件质量管理指标，推动案件繁简分流，回应人民群众对公正与效率的期待。最后，尊重司法规律和特点，落实"普督精管"理念，探索建立符合不同审判部类特点的审判质效管理指标。加强协同联动，打通诉讼环节壁垒和数据壁垒，建立"立审执破"一体化评估机制。

第三，优化审判质量及量化评价标准。当前，司法质效指标化一定程度偏离司法初心及其制度功能的有效发挥。如何优化审判质量及量化评价标准成了系统提升司法质效不得不考虑的关键问题。[①] 就此，可参考北京市朝阳区法院审判质效评估体系——围绕质效指标核心要求，完善正向激励、负向约束"两个机制"，聚焦拓展诉前、诉中、诉后"三个维度"，搭建专项活动"四个载体"。具体来看，四川法院未来司法活动（尤其是审判质效的评价）实践，应进一步优化审判质量及量化评价标准，避免指标化、数字化办案模式，在质效评价核心指标上下功夫。通过深度挖掘数据，科学分析研判审判执行工作运行情况，持续深入开展"审判质效面对面"评议会，实现一体化、精细化、闭环式管理。完善法院业绩评价考核机制，强化双向激励的综合运用。充分发挥司法定分止争功能，推动矛盾纠纷在诉前、诉中、诉后全流程、一体化实质化解。

（四）坚持国家治理体系和治理能力现代化

实现国家治理现代化，必须坚持全面依法治国，沿着中国特色社会主义法治道路、在宪法框架和法治轨道上来推进。我们必须把依法治国摆在更加突出的位置，把党和国家工作纳入法治化轨道。一是在治理体系上，

[①] 叶青：《坚持全面推进科学立法、严格执法、公正司法、全民守法》，《法治现代化研究》2021 年第 2 期。

持续将宪法作为党和国家的最高行为准则，一切违反宪法和法律的行为，必须予以追究。任何组织或者个人都不得有超越宪法和法律的特权。二是在治理制度上，推进国家治理制度化、程序化和法治化，以法治引领国家治理现代化。推进国家治理现代化，就是要适应时代变化，既要改革不适应实践发展要求的体制机制、法律法规，又要不断推出陈新，创新更加合理、科学和高效的社会制度，使国家各项事务治理规范化、程序化和法治化。推进国家治理现代化，必须推进国家治理纳入法治化轨道，在宪法范围内和法治轨道上推进国家治理体系和治理能力现代化，充分彰显国家和社会治理体系的中国特色。

（五）坚持统筹推进国内法治和涉外法治

当今世界并不太平，百年未有之大变局加速演进，虽然和平与发展仍是当今主题，但战争和冲突的阴影仍在世界范围内游荡，俄乌冲突、恐怖主义、极端主义和宗教极端势力也影响着世界的稳定与安全。改革开放以来，中国经过40多年的发展，已经一跃成为世界第二大经济体，中国正以崭新的姿态走近世界舞台的中央。面对波诡云谲的世界局势、敏感复杂的周边环境以及艰巨繁杂的发展改革任务，要坚持统筹推进国内法治和涉外法治。要加快涉外法治工作战略布局，要强化法治思维，运用法治方式，有效应对挑战、防范风险，综合利用立法、执法、司法等手段开展斗争，坚决维护国家主权、尊严和核心利益。因此，我国在对外事务的开展和活动过程中，要善于以《联合国宪章》与国际规则处理国际事务，要善于运用法治方式开展对外交流和处理国际事务。目前，我国面临纷繁复杂的国际环境，中美贸易冲突的持续、西方对我国人权环境的无端指责、周边领土纷争不断，这都在一定程度上对我国的发展产生了不良影响。在此背景下，首先，我们更需要强化法治思维，运用法治方式处理国际事务，积极通过法律手段维护自身合法权益，通过主动参与全球治理，积极提出和制定全球治理的中国方案，不仅做国际秩序的维护者和参与者，也积极争做国际秩序的建设者。其次，积极将国际条约和国际承诺通过法律程序转换，为国内提供合法性基础。例如积极探索和制定双碳法律法规，实现碳达峰、碳中和的承诺。通过国际秩序的参与和建设，切实提升我国的国际影响力和国际话语权，打造更加公平、高效、有序合作共赢的人类命运共同体。同时，积极培养涉外法治人才，为国际秩序的参与和建设提供人才储备，为我国进一步迈入国际舞台提供人才输出。最后，完善涉外工作法务制度。探索在重点国家、地区的使领馆配备熟悉当地法律事务的法务参赞、警务联络官，为我国在当地人员及时提供优质和高效的法律服务，切实保障我国海外机构、企业、人员的合法权益，使我国每一个在外华人都能够感受到荣誉感、归属感和获得感。①

三、建设社会主义法治国家的要素保障

（一）建设德才兼备的高素质法治工作队伍

要建设一套对党和人民忠诚的高素质法治工作队伍。法治工作队伍包括立法工作人员、执法工作人员和司法工作人员。立法是为国家机构的权力运行和社会生活提供一套合理有序的规则，是国家和社会健康发展的前提。因此，立法人员必须具有坚定的社会主义立场，具有忠诚的思想政治素质，具有遵循客观规律、发扬社会主义民主、统筹协调立法相关事项的能力，具有实事求是、亲身进行立法调研的实践经验。执法是把法律规范转向法律实施的关键环节，法律实施是否得当、是否能够保障人民群众的切身利益，都要依靠执法人员将纸面上的法律变为实际的法律实施。因此，执法人员必须严守法治意识、勇于担当、严格执法。司法是社会公平正义的最后一道防线，司法是否公正关系到全社会对法律的态度，也关系

---

① 江必新、龙峰：《"依法治国、依法执政、依法行政共同推进"的目标要求与实现路径》，《求索》2022 年第 2 期。

到每一个法律职业共同体的职业素养。因此，司法人员必须坚定公正司法理念，践行法治意识，采取积极有为的实际行动，推动司法工作、司法程序在阳光下运行。法治工作是政治性很强的业务工作，也是业务性很强的政治工作，所以法治专门队伍既要有德才兼备的素质，也要有负责任的政治担当、过硬的业务本领、遵纪守法的纪律素养、作风果敢高效的职业能力。要加强思想淬炼、政治历练、实践锻炼、专业训练，推进法治专门队伍革命化、正规化、专业化、职业化，确保做到忠于党、忠于国家、忠于人民、忠于法律。

律师队伍是依法治国的一支重要力量。由于律师对抗的是强大的国家公权力机关，在很多时候处于弱势地位。因此，要大力加强律师队伍思想政治建设，把拥护中国共产党领导、拥护社会主义法治作为律师从业的基本要求①的同时，制定相关法律维护律师的合法权益，为律师果敢、高效地为当事人提供法律服务创造良好环境。此外，要加强培育律师专业能力素养、跨专业技能以及德才素质建设，要将维护当事人的合法权益、促进法律职业共同体的健康有序发展作为基本任务。

法学教育在全面依法治国中具有基础性先导性作用。通过卓越法治人才培养计划将法律人才国际化、专业化和素质化确立为主要战略目标。法学教育应以卓越法治人才培养计划的理念与任务为指引，明确卓越法治人才培养的知识、能力、德育与素质目标，坚持人才需求、交叉学科导向，细化卓越法治人才培养方案、整合多学科师资队伍、建立国内外联合培养机制、打造法治特色教材、健全科研促教学机制等具体措施，从而形成具有中国特色社会主义的卓越法治人才培养模式。

（二）紧紧抓住领导干部这个"关键少数"

第一，党政主要负责人履行推进法治建设第一责任人职责。党政主

---

① 张文显：《习近平法治思想的理论体系》，《法制与社会发展》2021 年第 1 期。

要负责人应当切实履行依法治国重要组织者、推动者和实践者的职责，坚决贯彻落实党中央关于全面依法治国的重大决策部署和党政主要领导人相关责任制度。在运用法治思维的方法的基础上，推进依法治国方略的实施，统筹协调推进深化改革、促进经济发展、维护社会和谐问题、落实生态文明建设和环境保护，推动社会的可持续协调发展。党政主要负责人要亲身部署法治建设工作、亲身经历普法宣传，推动健全立法重大事项的过问机制、推动形成法治建设重点工程、完善法治评价指标，将日常工作纳入法治轨道的运行中。各级领导干部落实责任担当，不搞形式主义和表面功夫，要发挥领导干部的带头作用，积极参与到法治国家、法治政府和法治社会的建设进程中。要加强和改进对法治建设的领导，使法治监督考核落实到每一年的党政机关的工作内容中，并在年终总结法治建设的成果与不足，撰写工作报告，确保每一项事项都落实在法治的框架内。同时，党政主要负责人应当将履行推进法治建设第一责任人职责情况列入年终述职内容，上级党委应当对下级党政主要负责人履行推进法治建设第一责任人职责情况开展定期检查、专项督查，并纳入政绩考核指标体系，作为考察使用干部、推进干部能上能下的重要依据。对不认真履行第一责任人职责的党政主要负责人，上级党委要及时告诫和约谈，严肃批评。对地方政府以及政府工作部门漠视法律、不遵守法律和公然违反法律的行为予以重点关注，并通过细化落实处罚措施进一步形成尊法、学法和用法的氛围。

第二，把能不能遵守法律、依法办事作为考察干部的重要内容。发挥考核的指挥棒作用、选拔任用的导向作用，把法治素养和依法履职情况纳入考核评价干部的重要内容，让尊法、学法、守法、用法成为领导干部的自觉行为和必备素质。各级党委要使法治建设与经济社会发展相协调，统筹推进。研究制定契合自身发展实际的法治建设评价指标和考核体系，将法治督查作为一项常态化工作持续推进。深入推进落实普法工作，将普法工作纳入领导干部的考核评价体系。切实推进领导干部责任机制，对法治观念淡薄、滥用行政权力、违反法定程序的领导干部处以党纪和政纪处分，情节严重的追究其刑事责任。同时，要推动日常领导干部法治宣传工作，通过设立常态化的法治讲座提升领导干部的法治思维和法治修养，从而推动党政机关法治治理能力的持续提升。

第五章 新时代以习近平法治思想为指引推进依法治省的四川实践

一、四川全面深入推进依法治省的主要举措

立足于四川省第十二次党代会的明确要求，全面建设社会主义现代化四川、深入推进依法治省，需要以民主凝聚力量、靠法治提供保障。要坚持党的领导、人民当家作主、依法治国有机统一，加强社会主义民主法治建设，巩固和发展新时代治蜀兴川安定团结的良好局面。

积极发展全过程人民民主。坚持和完善人民代表大会制度，支持和保证人大及其常委会依法行使职权，充分发挥人大代表作用。坚持和完善中国共产党领导的多党合作和政治协商制度，支持保障人民政协发挥专门协商机构作用。完善大统战工作格局，切实践行新型政党制度，加强同民主党派、工商联和无党派人士的团结合作。加强工会、共青团、妇联等群团工作。做好港澳台侨工作。支持国防和军队现代化建设，做好新时代"双拥"工作。坚持我国宗教中国化方向，做好新时代宗教工作。深入开展民族团结进步创建，铸牢中华民族共同体意识。

全面推进法治四川建设。立足党的二十大报告对法治建设的专章部署，深刻把握习近平法治思想顺应强国建设和民族复兴的时代要求，践行习近平法治思想为时代和实践提出的重大任务、重大问题、重大挑战所提供的法治解决之道。四川省坚定拥护"两个确立"、坚决做到"两个维护"，以开展学习贯彻习近平新时代中国特色社会主义思想主题教育为契

机，深学细悟笃行习近平法治思想，始终把全面依法治省作为全局性、战略性、基础性工作牢牢抓在手上，坚定不移把治蜀兴川各项事业纳入法治轨道，为奋力写好中国式现代化的四川篇章提供坚强法治保障。

深入推进平安四川建设。贯彻总体国家安全观，坚定维护国家政权安全、制度安全、意识形态安全，强化国家安全人民防线建设。加强网络安全保障体系和能力建设。落实社会稳定风险评估机制，完善经济安全风险预警和防控机制。坚持和发展新时代"枫桥经验"，推动矛盾纠纷前端防范、多元化解。推进市域社会治理现代化，加强乡镇（街道）和城乡社区治理，提高基层治理社会化、法治化、智能化、专业化水平。深化涉藏州县反分裂斗争和基层政权建设、彝区禁毒防艾工作。加强社会治安防控体系建设，常态化开展扫黑除恶斗争，严厉打击违法犯罪行为。全面加强安全生产工作，强化食品药品安全监管，推进城市生命线安全工程建设。健全应急管理体系，加强自然灾害监测预警，提升防灾减灾救灾能力。

（一）系统谋篇布局构筑依法治省"四梁八柱"

四川推进依法治省步入新阶段，恰逢"十四五"规划全面展开，不仅需要继续全面贯彻习近平总书记重要指示，深入学习习近平法治思想，还要紧抓经济社会发展重点工作，以发展和安全为导向，坚持稳中求进，更要充分认清四川总体形势，把握区域发展不平衡、总体经济欠发达、基础设施不完善等实际问题。以法治改革为切入点，着力推动法治四川、法治政府、法治社会一体建设，共同推进依法治省、依法执政、依法行政严格落实，着力把治蜀兴川各项事业全面纳入法治化轨道。具体表现在以下三个方面。

第一，分阶段构建依法治省"四梁八柱"。坚决认真落实习近平总书记提出的发挥"四梁八柱"支撑作用指示精神，始终把规划引领作为头等大事，分多个阶段构建依法治省"四梁八柱"，推动依法治省始终在正确的方向和轨道上不断深入推进。四川省深入贯彻习近平总书记关于抓紧设计法治建设实绩考核制度的指示精神，组织起草依法治省指标体系、评价标准、评估办法，召开依法治省领导小组会审议通过，成为检验依法治省落地落实情况的度量衡。细化贯彻党的十九大精神，纵深推进法治政府建设，协调推进成渝地区双城经济圈发展，筑牢经济社会发展的法治保障。贯彻落实中央全面深化改革决策部署，把两年来的法治经验上升为制度设计、政策安排，出台司法和社会体制改革、社会信用体系建设、矛盾多元纠纷化解等系列改革方案，探索用法治引领保障"五位一体"总体布局的方法路径，推动依法治省提档升级。

第二，把依法治省作为党委的核心工作。全省工作展开要求把法治放在"四个全面"战略布局中来把握，落实中央统一部署、统筹协调的要求，每次重大会议重要部署必强调依法治省，重点调研重要安排必包含依法治省，党政年度目标考核必突出依法治省。成立省委书记任组长、专职副书记任常务副组长的依法治省领导小组，在办公厅设立省委副秘书长任专职主任的领导小组办公室，推动全省各市（州）、县（市、区）参照省上格局建立工作推进机构。省"四套班子"办公厅和纪组宣统政五部门建立"4＋5"推进机制，统筹抓好本序列省级部门、指导市（州）对口部门法治建设。21个市（州）党委书记切实履行法治建设第一责任人职责，把法治摆上重要日程来安排、作为重要工作来推动、列入重要目标来考核，用落地生根的实际效果展示领导力和执行力。

第三，强力推进落地落实。省委把依法治省作为动态过程、系统工程来谋划和掌握，每年对依法治省面临的新情况新问题作出深入分析、提出明确要求、推动落地落实。深入分析全省面临的现实难题，把上下高度重视、社会密切关注、群众热切期盼解决的现实问题作为重中之重，要求坚持问题导向、树立法治权威、打开工作局面，强力推进落地见效。四川鲜明提出"开展新的探索、努力走在前列"，从7个方面对实现年度目标作出重点安排。针对经济社会改革发展面临的突出问题，统筹各地各部门实施126项法治创新项目，深化四大片区现场推进会，召开全省统筹示范创建工作会，探索法治档案、年度述法制度，通过法治清单反馈、全省通报排序、末位约谈问责等碰硬开展年度考核，推进"努力走在前列"目标任务落到实处。全面把握法治四川建设阶段性特征，强调"集中精力抓落实抓巩固抓深化提升"，从实施重点突破、破解实际难题、创新载体抓手、务求法治实效四个方面作出安排部署。

（二）抓好法治政府建设示范创建

四川围绕重大决策行政制度、重要事项公示制度、重点工作通报制度、政务信息查询制度 4 个方面，继续推进法治政府、创新政府、廉洁政府、服务型政府的全面建设。始终坚持依法行政和执法为民，以习近平法治思想为指导，描绘法治政府建设蓝图，以程序规范为重点，健全重大行政决策机制，以提质增效为要求，完善法规制度体系。从而全面提升行政执法水平，实现法治政府建设造福于民，不断优化市场营商环境，实现法治政府建设普惠经济主体，着眼预防化解重大风险，实现法治政府建设助力应急管理。确保抓住主线、树牢底线、稳固长线，凸显法治政府建设的特色亮点。具体表现在以下四个方面。

第一，探索建立政府职能转变中的创新性举措。坚持法定职责必须为，法无授权不可为，依法全面履行宏观调控、市场监管、社会管理、公共服务、环境保护法定职责，推动横向并联审批向三级横向、纵向联动审批转变，推动责任清单从部门责任向权力责任、个体行为责任覆盖，较好地实现了激发、释放活力与健全、维护秩序的前后承接和有机统一。一方面，围绕释放活力和创造力，突出商事改革、收费清理、投资审批等重点，最大限度减少行政许可事项，最大可能缩小审批核准备案范围，最大范围减少对各类机构及其活动的认定，坚决取消不符合行政许可法的资质资格许可；另一方面，用"三张清单"划定权责边界，用执行标准、工作流程规范权力运行，用倒查追责、终身问责落实权力责任，用行政监督、审计监督等强化权力监督。

第二，创新行政决策的机制。省政府办公厅牵头相关部门，突出制度科学、程序正当、过程公开、责任明确，严格落实决策法定程序，着力提高决策质量，切实保证决策效率，及时纠正违法决策、不当决策、拖延决策，推动行政决策公信力和执行力不断提升。其一，对省政府（办公厅）出台的规范性文件、签订的战略合作框架协议、制定的合作备忘录及省直部门印发的行政文件全部进行合法性审查，对政府规章、规范性文件全面进行备案审查。其二，加强以政府法治机构人员为主体、专家和律师参加的法律顾问队伍建设，探索构建法律顾问动态管理、绩效考评、发挥作用制度。其三，落实行政决策终身责任追究和责任倒查机制，对决策严重失误或者依法应该及时作出决策但久拖不决造成重大损失、恶劣影响的，严格追究行政首长、负有责任的其他领导人员和相关责任人员的法律责任。

第三，凸显行政执法体制改革特色亮点。省政府办公厅牵头相关部门，坚持减少层次、整合队伍、提高效率，统筹抓好创新执法体制、完善执法程序、落实执法责任三项重点工作。完善执法流程严密、程序规范、裁决公正、行为文明工作制度，用加强执法审查、强化执法管理等推进严格执法；用完善执法程序、统一裁量基准等保障规范执法，建立行政执法全过程记录、重大执法决定法治审核、行政执法公示"三项制度"；用严格执法裁决、落实执法责任等深化公正执法，确定不同部门及机构、岗位执法人员的执法责任，建立常态化责任追究机制。

第四，强化行政权力监督。省政府强化对权力的约束、资金的监控和干部的监督。首先，加强对权力集中部门和岗位实行分岗设权、分级授权、分事行权，建立覆盖全省的行政权力依法规范公开运行系统和电子监察系统，加强行政审批流程实时监控、效能评估、预警纠错，推动形成行权部门即时监督、行权管理部门跟踪监督、监察机关执纪监督的三重监督模式。其次，制定政府部门"两表"（主体责任表和具体责任表）"两单"（责任清单和问责清单）权责框架，深入研究权力与责任、责任与追责、事项与环节等重点难点问题。最后，实行事业单位统一登记管理制度，深化事业单位分类改革，推动事业单位从资金验资登记向确认登记转变、从年检向年度报告公示转变。

（三）深化司法体制改革不断提升司法公正高效

新时期，四川全面实施以司法责任制综合配套改革为重点的司法体制改革，迎接新形势下的新挑战，通过解决新问题取得新成效，不断提高司法公信力，确保实现"让审理者裁判，由裁判者负责"。应对疫情防控突发事件，人民法院全面推行"智慧法院"建设，以线上诉讼审判为载体，确保司法活动规范有序展开、人民群众司法需求有效满足。构建专业高效、公正严明的规范化执法队伍，做到司法公正和司法效率两手抓、行政执法和刑事司法平稳衔接，确保实现程序正义和实体正义。具体表现在以下五个方面。

第一，建构完善行政执法与刑事司法衔接机制。四川省重视"两法衔接"机制的建构、完善，积极查处违法犯罪行为。加大行政机关移送危害民生案件工作力度，建立危害民生犯罪立案监督工作机制，切实解决了有案不移、有案不立、有案难移、以罚代刑等问题。其中，乐山两级人民检察院分别与公安、工商、税务、烟草、药监、国税、地税等行政机关建立联席会议制度，通过联席会议解决行政执法与刑事司法衔接过程中遇到的矛盾和问题，建议行政机关移送涉嫌犯罪案件。

第二，深化司法责任制改革。为切实维护司法权威，落实领导干部干预司法案件记录、通报和责任追究制度，健全行政机关负责人依法出庭应诉、支持法院受理行政案件、尊重并执行法院生效裁判的制度，四川省委政法委牵头制定实施《四川省司法体制改革试点方案》，开展以完善司法责任制为核心的 3 市 8 县（区）司法体制改革试点，完善落实 26 个配套文件。四川省人民检察院深入推进检察官办案责任制改革试点工作，将整治检察环节司法不规范的突出问题作为工作重点。

第三，推进司法的规范化建设进程。推行繁简分流、轻刑快处、认罪认罚从宽制度，依法惩治滥用诉权行为，努力实现有诉必理、有诉快理。通过立案登记、网上诉讼、失信惩戒、投诉监督、办案质量终身负责等解决"六难三案"问题。通过司法人员分类管理、职业保障等解决"正规化、职业化、专业化"问题。运用巡回审判、司法救助等强化司法为民。坚持罪刑法定、疑罪从无、非法证据排除等加强人权司法保障。省法院强化庭前调解、轻刑快处、司法救助和庭审实质化改革等工作，推动专业化审判、集约化管理、规范化运行。省检察院突出抓好检察改革、检察监督、预防和惩办职务犯罪等工作，提高诉讼监督、执行监督、权力运行监督实效。

第四，整治影响司法公正的突出问题。针对"地方化、行政化"等问题，省法院探索建立与行政区划适当分离的行政诉讼管辖制度改革，推行成都市、广安市、乐山市三地法院行政案件相对集中管辖改革试点，由2~3个基层法院集中管辖全市基层法院的一审行政诉讼案件，初步形成集中管辖、交叉管辖、提级管辖等较为成熟的改革经验。省检察院积极探索设立跨行政区划的人民检察院，着力构建从铁路向民航、海关、水运等拓展的大交通运输检察模式。

第五，推动阳光司法，强化司法公开。四川各级人民法院按照党中央的部署、现行法律规定和最高人民法院的文件要求，全面推进司法公开。省委政法委牵头推进审判公开、检务公开、警务公开、狱务公开，探索构建开放、动态、透明、便民的阳光司法机制。司法厅编制《四川省监狱管理局信息公开指南》，搭建全省监狱信息网络平台，建立监狱执法情况通报会制度。省检察院依托全省三级检察院门户网站和"人民检察院案件信息公开网"，推进案件程序性信息查询平台、法律文书公开平台、重要案件信息发布平台、网上举报申诉及检察人员违纪违法投诉平台四大平台建设。

（四）提高基层治理社会化、法治化、智能化、专业化水平

四川立足党的十九大提出的"提高社会治理社会化、法治化、智能

化、专业化水平"具体要求，以促进社会治理法治化为切入点，稳步推进社会治理体系和治理能力现代化。社会治理法治化以县域社会治理为基本盘，① 必须强化基层法治意识，充分发挥其作为经济社会发展基本单元的根基作用，通过治理结构、治理体系、治理能力、治理基础四个关键节点，着眼"关键少数"的带头作用，贯彻以案普法的基本措施，统筹推进源头治理、系统治理、综合治理、依法治理。具体表现在以下三个方面。

第一，切实抓好社会治安综合治理。四川集中开展反恐防暴、危爆物品、寄递物流、网络安全、禁毒防艾等方面专项整治，全面建设社会治安防控、矛盾纠纷多元化解、特殊人群服务管理、网格化服务管理四个体系，系统构建调解、仲裁、行政裁决、行政复议、诉讼等有机衔接、相互协调的多元化纠纷解决机制，探索建立监测、预警、救治、帮扶、服务、管理制度框架，建立健全网格发现、处置、上报、交办、办结、回访运行制度。省公安厅开展"尊法学法、规范执法、公布清单、提升管理、严格制度"五大行动，健全舆情监测、分析、研判、处置机制，深入推进"一标三实"工作。

第二，探索构建基层治理架构。四川着眼基层治理体系和治理能力现代化的需要，加快构建党委领导、政府负责、社会协同、公众参与、法治保障的社会治理体制，探索建立与国家政权结构、经济结构和组织体系相适应的社会治理结构，探索构建以党组织为领导核心的"一核多元、合作共治"村级治理体系，全面提升规则治理、民主治理、风险治理、应急治理的能力。首先，以法治保障基层自治。省依法治省领导小组办公室、省委组织部、省司法厅、省民政厅联合下发《关于深入开展示范创建活动全面推进依法治村（社区）工作的通知》，将村规民约作为其中的重要抓手与考核指标。同时，四川各地注意在纠纷解决中发挥历史、宗教、文化、

---

① 萨日娜、刘守亮：《县域治理体系要件建设和治理能力提升的着力点》，《山东社会科学》2015年第9期。

传统、法治等资源优势，探索建立各种项目、类型的调解组织，以及专业性、行业性调解组织。

第三，注重普法形式的多样化，增强普法内容的针对性。四川将"法律七进"（法律进机关、进学校、进社区、进乡村、进寺庙、进企业、进单位）作为法治四川建设的一项重点工作，制定《推进"法律七进"工作方案》《四川省"法律七进"三年行动纲要》《关于进一步完善"谁执法、谁普法"工作机制的实施意见》等法律规范。同时，组织专家学者分门别类编写全省"法律七进"系列统编普法读物，分类分层次有针对性地开展"法律七进"，切实解决法律"进得去""落得下"和"见实效"三个问题。通过法治广场、法治公园、法治长廊、法治辅导站、青年维权岗、法治副校长、廉政漫画与廉政公益广告以及微博、微信、微电影法治文化建设和工作机制、工作载体的摸索实施，各地充分发挥律师协会、法学会、书法协会、美术协会、摄影协会、记者协会等各类社会团体的作用，以法治文化创作为契机，创作出一批群众喜闻乐见、寓教于乐的法治文化作品，在潜移默化中传播法治文化、提升法治意识。大力推行"一村一法律顾问"制度，创新农村普法工作机制，实现了普法队伍从业余向专业的转变，普法内容从共性向个性的转变，普法方式从说教向应用的转变，普法观念从管理向服务的转变。建立健全党委常委会、政府常务会、部门办公会定期会前学法制度，以法律顾问制度的全覆盖为目标，分步骤、按计划稳步推进。

（五）推进天府中央法务区高质量发展

作为全国首个在省级层面提出和推动建设的现代法务聚集区，天府中央法务区于 2021 年 2 月 5 日正式启动运行，始终坚定贯彻习近平法治思想，加快建设成为习近平法治思想研究实践先行区，坚持以法治吸引要素聚集、促进产业发展、激发市场活力，打造国际化法律服务高地。天府中央法务区立足于打造立足四川、辐射西部、影响全国、面向世界的一流法律服务高地的宏伟目标，预计通过细化措施逐步形成集公共法律服务、法治理论研究创新、法治论坛交流合作、法治文化教育培训、智慧法务、涉法务全链条服务等功能于一体的专业化、国际化、市场化法治创新聚集区。具体表现在以下三个方面。

第一，构建"平台驱动层＋核心产业层＋关联功能层＋衍生配套层"的法律服务产业生态圈。平台驱动层，以司法及司法行政服务机构的进驻为引领，整合法律教育和法律研究资源，搭建国际化公共法治创新平台，形成法律服务融合创新的自生长力和对高端要素的牵引集聚；核心产业层，聚焦公证、律师、仲裁、司法鉴定四大产业，瞄准知识产权保护、国际商事纠纷调解等细分领域，招引全球头部企业和国际知名法律服务机构，加速汇集优质要素、持续提升辐射能级；关联功能层，补全会计、税务、审计等关联产业功能，集成应用大数据、云计算、区块链等新一代信息技术，创新发展法律网络服务等智慧法务新业态，构建形成全产业链的生态系统；衍生配套层，以满足各类法律服务机构的商务需求为导向，加快布局会展、酒店等配套服务，构建形成功能完善、高端优质的生产性服务体系。

第二，按照"一心一带多点"进行空间布局。"一心"，即公共法律服务中心。依托省法院、成都中院、天府新区法院（四川自贸区法院）、天府新区检察院等司法机关及司法行政资源，积极争取国家布局知识产权法院、长江生态保护法院等专业法院，联动建设"一带一路"国际法律学院、天府法律创新研究院等教育研究机构，打造具有国际影响力的"政学研"法律服务创新策源平台和法律智库中心。"一带"，即高端法律服务产业发展带。结合轨道交通沿线 TOD 站点区域的产业特征和功能设施，布局四大功能片区，串联形成与总部商务功能融合发展的特色产业发展带。"多点"，即法治文化交往节点。依托天府总部商务区布局的公园绿地、开敞空间、办公楼宇、文化设施等多元载体，复合叠加法治研究、教育培训、普法宣传、法治博览、会议论坛等功能，营造景观化、开放型、沉浸式的法治文化展示场景，打造国际化对外交往窗口。

第三，确定"三步走"产业发展目标。首先，近期建平台、聚资源，天府中央法务区初具雏形。确定天府国际商务中心 A 栋约 1 万平方米作为天府中央法务区先期入驻载体，并于 2021 年 2 月正式挂牌运营，加快落地法院诉讼服务站、知识产权服务、检察服务、公安出入境法律服务中心等法律服务机构展示窗口。将天府国际商务中心 B 栋 6~40 层约 8 万平方米物业作为二期载体，预留 375 亩三级机构用地；高效复合利用天府总部商务区规划建设的 1000 万平方米楼宇资源，统筹安排法律服务业发展所需的产业空间。其次，中期（到 2025 年）提功能、升业态，成为具有区域影响力的法治平台。政商学研企协同生态基本成型，聚集法务就业人群 1.7 万人以上，在成都市法律服务及相关产业增加值中占比超过 30%，建成具有全国影响力的超大城市公共法律服务示范区和高端法治人才聚集区，形成一批践行习近平法治思想加快推动成都建设的可复制、可推广的经验成果。最后，远期（到 2030 年）优机制、强辐射，成为具有国际影响力的法治平台。聚集法务就业人群 5 万人以上，在成都市法律服务及相关产业增加值中占比超过 60%，形成全面覆盖、无缝衔接国际国内法律服务需求的高等级服务体系，持续提供国际领先的法律解决方案，建成全国一流、具有国际影响力的法务典范区，打造超大城市现代化治理法治样板。

此外，在十二届省委全面依法治省委员会第一次会议中，对天府中央法务区未来发展作出进一步展望。要求围绕"提功能、升业态"中期建设任务，着力提升法治理论研讨交流、司法供给系统集成、法律服务协同融合、智慧法治创新实践、法治人才教育培训、高端产业引领驱动等核心功能，高质量建设文化商业、居住办公、教育医疗等配套工程，推动实现"政商学研企"融合发展和法务业态全链条发展，加快打造立足四川、辐射西部、影响全国、面向世界的一流法律服务高地。同时，策划涉及更多有影响的活动，积极争取主办或者承办全国性法治高端论坛，进一步深化国际法治交流，不断提高天府中央法务区影响力。

（六）为推动成渝地区双城经济圈高质量发展提供优质法治保障

成渝地区双城经济圈建设是习近平总书记亲自谋划、亲自部署、亲自推动的国家重大区域发展战略。推动成渝地区双城经济圈建设，是优化区域经济布局的战略决策，有利于增强成渝地区经济和人口承载能力，在西部形成支撑和带动全国高质量发展的重要增长极和新的动力源；是拓展对外开放空间的重大部署，有利于助推形成陆海内外联动、东西双向互济的对外开放新格局，打造内陆开放战略高地；是形成强大战略后方的长远大计，有利于发挥成渝地区比较优势，经略西部广袤腹地、拓展战略回旋空间，加快构建完整的内需体系，形成以国内大循环为主体、国内国际双循环相互促进的新发展格局；是维护国家生态安全的必然要求，有利于促进优势区域重点发展、生态功能区重点保护，进一步筑牢长江和黄河上游生态屏障，保护西部生态环境，对于深入推进"一带一路"建设、长江经济带发展、新时代西部大开发形成新格局，具有重大而深远的意义。从法治定位的角度来看，成渝地区双城经济圈建设还需继续深化落实。具体表现在以下三个方面。

第一，深入推进城乡基层治理。全面完成乡镇行政区划和村级建制调整改革，统筹推进城乡社区和村民小组优化，扎实做好"后半篇"文章。强化对基层权力运行的制约和监督，持续整治群众身边的不正之风和"微腐败"。探索易地扶贫搬迁形成的新型农村社区综合治理机制，深化城乡接合部城镇社区治理。加强交界地区城镇管理联动，完善一体化立体化治安防控体系。深化法治四川建设，开展市域社会治理现代化试点，完善诉源治理机制，加强川渝执法司法联动，建立跨区域司法协作联席会商制度。深化平安四川建设，加快建立平安联创机制和网络综合治理体系，加强防灾减灾救灾能力建设和重点行业领域安全生产风险防控，健全城乡基层公共安全体系。

第二,强化组织领导保障。落实川渝党政联席会议机制和常务副省(市)长协调会议机制,充分发挥联合办公室作用,构建决策层、协调层、执行层三级运作机制。强化省推动成渝地区双城经济圈建设暨推进区域协同发展领导小组议事协调、统筹谋划职能,组织研究重大政策、重大规划、重大项目,协调解决跨区域合作重大问题。建立健全市(州)层面协调机制。积极跟进衔接国家规划纲要、"十四五"规划和重大专项规划,细化制定四川省实施意见及行动方案,实行项目化清单化管理,聚焦牵引性、全局性的重点任务逐项推动落实。强化考核激励,把重点任务和事项纳入综合目标考评内容,定期开展督查通报、跟踪分析、效果评估。

第三,调动各方积极参与。坚持全面从严治党,持续营造良好政治生态,深入整治形式主义、官僚主义,着力锻造忠诚干净担当的高素质专业化干部队伍,激励广大党员干部担当作为、真抓实干。强化人大立法保障、监督督促等职能。发挥政协协商议政、民主监督作用。支持民主党派、工商联和无党派人士积极献计出力。发挥工会、共青团、妇联等群团组织桥梁作用。充分发挥党的领导作用,锚定"一极一源、两中心两地"的目标定位。聚焦打造带动全国高质量发展的重要增长极和新的动力源,加快做大经济总量、提高发展质量,不断增强区域发展活力和国际影响力。围绕建设具有全国影响力的重要经济中心、科技创新中心、改革开放新高地、高品质生活宜居地,强化经济承载和辐射带动功能、创新资源集聚和转化功能、改革集成和开放门户功能、人口吸纳和综合服务功能,推动形成有实力、有特色的双城经济圈。

二、四川全面深入推进依法治省的经验启示

(一)必须把党的领导贯彻于依法治省的全过程

四川全面深入推进依法治省取得了一些实效,其中最为关键的是坚持

党对依法治省的全面领导，尤其要通过制度安排和规则设计使党对法治建设的领导得到不折不扣的贯彻落实。首先，坚持党的领导、人民当家作主、依法治国有机统一，坚定不移地走中国特色社会主义法治道路，通过制度设计、政策安排把党对法治工作的领导切实落实到把方向、抓大事、谋全局、保落实上；其次，把习近平法治思想和中央依法治国战略部署作为法治建设的根本遵循，结合省情实际精准找到"根本遵循"在基层的实际工作落点，找准推动落点落地的解渴管用措施，对不落实和落实不到位等现象坚决制止。

党的领导不仅贯穿依法治省全过程，更是体现在依法治省的各方面。

第一，坚持党对依法治省的政治领导。依法治省工作中坚持党的领导，首先就要坚持党的政治领导。党的政治领导包括政治方向、政治原则和重大决策的领导，[①] 即把马克思主义基本原理与中国具体实际结合起来，确保党在革命、建设、改革各个历史时期制定并实行正确的路线、方针和政策。党的领导是中国特色社会主义最本质的特征，是社会主义法治最根本的保证。坚持中国特色社会主义法治道路，最根本的是坚持中国共产党的领导。四川要切实加强党对法治建设的领导，为推进全面依法治省提供坚强保证。省委依法治省委员会要充分发挥牵头抓总、把关定向作用，省委依法治省办积极履行统筹协调、督促检查、推动落实职责，各级党委（党组）切实担负主体责任，党政主要负责同志认真履行法治建设第一责任人职责，着力形成上下贯通、左右联动、同频共振的法治工作格局。

四川省各级政府始终牢固树立"四个意识"，坚决做到"两个维护"，坚定把党的政治建设贯穿治蜀兴川全过程。要求全面贯彻落实党中央决策部署，持之以恒加强党的政治建设这个党的根本性建设，让真讲政治、实讲政治、严讲政治在全省党员干部中蔚然成风。要求把准政治方向，坚定

---

① 王永香、李景平：《新时代社会组织协商民主制度化发展路径探析》，《广西社会科学》2020 年第 4 期。

用习近平新时代中国特色社会主义思想武装头脑、指导实践、推动工作，确保治蜀兴川各项事业始终沿着习近平总书记指引的方向坚定前行。要求坚持党的政治领导，坚决同党中央保持高度一致，在政治上绝对忠诚、在行动上高度一致、在纪律上令行禁止，始终听党话、跟党走。要求夯实政治根基，全心全意践行以人民为中心的发展思想。

第二，坚持党对依法治省的组织领导。治蜀兴川，全面建设社会主义现代化四川，必须始终坚持党对依法治省的组织领导。党的力量来自组织，党的全面领导、依法治省的各项工作都要靠党的坚强组织体系去实现。习近平总书记强调，各级党组织和领导干部要有很强的责任意识，守土有责、守土负责、守土尽责，无论什么时候，该做的事，知重负重、攻坚克难，顶着压力也要干；该负的责，挺身而出、冲锋在前，冒着风险也要担。发现了问题、发现了问题的苗头就要及时处理，不能麻木不仁，不能逃避责任。①

四川发展历来强调谋长远之策、行固本之举。新时代必须运用法治思维和法治方式应对变局、开拓新局，纵深推进法治四川建设，不断开创全面依法治省新局面，为全面建设社会主义现代化四川提供有力法治保障。在这一时代命题与地域背景之下，四川全省各级党组织要充分发挥领导核心作用，领导立法、保证执行行政事务、支持司法、带头守法，统筹抓好依法治省各领域工作。各级党委要坚持管方向、管政策、管原则、管干部，支持政法部门依照宪法和法律独立负责开展工作，要带头模范遵守宪法法律和党内法规，切实履行保证宪法和法律有效实施的领导责任。

第三，坚持党对依法治省的思想领导。思想决定方向、理论指导实践，全面依法治国的四川实践需要坚持党的思想领导。在思想领域，习近平总书记多次强调思想和意识形态工作的重要性，各级党委也明确认

---

① 习近平：《论把握新发展阶段、贯彻新发展理念、构建新发展格局》，中央文献出版社2021年版，第506页。

识到意识形态是团结奋斗的共同思想基础。在治蜀兴川的法治实践中，坚持党对依法治省的思想领导能够夯实执政基础、凝聚党心民心，是推进全面依法治省的必要途径。党的领导下理论观点的产生、运用、传播以符合人民立场、保障人民利益为标准，力求做到政治性、人民性、科学性的有机统一。必须带头学深悟透习近平新时代中国特色社会主义思想和习近平总书记对四川工作系列重要指示精神，切实增强理论素养。

四川全面推进依法治省强调党的中心工作与意识形态工作相互促进、相辅相成，必须坚持两手抓、两手硬。深入贯彻习近平新时代中国特色社会主义思想，坚持党的领导、人民当家作主、依法治国有机统一，坚定不移走中国特色社会主义法治道路，坚决维护宪法法律权威，依法维护人民权益、维护社会公平正义、维护四川和谐稳定，为实现"两个跨越"、谱写中国梦四川篇章提供有力法治保障。

（二）必须不断创新依法治省的工作机制

全面深入推进依法治省必须不断创新工作机制，尤其是载体抓手与工作格局，与时俱进地推进法治工作巩固落实深化提升。不仅要根据中央的决策部署，在省委层面作出创新性的制度设计与政策安排，实时对法治工作作出阶段性分析研判、安排部署、考核评估、约谈问责，把实践中的好经验好做法及时上升到制度层面并固化为长效机制；还要不断创新依法治省工作格局，做到始终坚持问题导向，突出务实创新，着力重点推进、难点突破，探索构建点上深入、线上链接、面上拓展、整体推进工作格局。

全面依法治省是一项庞大的系统工程，需要各个机构组织的密切配合。

第一，充分发挥党的领导作用。创新依法治省工作机制仍需坚持党的领导，加强党内法治建设，这既是管党治党的重要依据，也是建设社会主义法治国家的有力保障。四川省依法治省应当坚持以党章为根本、以民主集中制为核心，加强党的制度建设，推进党的建设制度化、规范化、程序化。严格执行《中国共产党党内法规制定条例》，规范党内法规制定工作，建立健全党内法规制度体系。严格执行《中国共产党党内法规和规范性文件备案规定》，完善备案程序，加强备案审查，做到有件必备、有备必审、有错必纠，维护党内法规制度体系的统一性和权威性。建立健全党内法规和规范性文件备案审查与国家法规、规章和规范性文件备案审查衔接联动机制。建立党内法规执行情况和实施效果评估制度。建立党内法规和规范性文件定期清理和即时清理机制。完善各级党委决策程序，普遍建立法律顾问制度，建立完善重大决策法律咨询、法律支持和合法性审核机制，加强重要政策文件的法律法规把关，把经过法律咨询、具有法律依据、完成合法性审核作为党委作出重大决策和出台重要政策的必经程序。

第二，充分发挥立法机关的主体作用。创新依法治省工作机制必须依循合法合理的制度体系，确保依法治省工作在合理框架内展开。一方面，应发挥人大在地方立法中的主导作用。地方人大是地方的权力机关，四川省依法治省在立法过程中，应使人大有效介入立法的每一个程序，从立法规划的制定、法规的起草论证、审议到出台，都应充分发挥人大的作用，并形成常态化制度，确保每一项立法都反映人民意愿，得到人民拥护。另一方面，充分发挥立法机关在依法治省中的监督职能，立法监督是指立法机关依据宪法对国家行政机关所实施的监督，依法治省要充分发挥立法机关的监督职能，要坚持依法监督、正确监督、有效监督，加强整体筹划，增强持续监督、联动监督、协同监督效果。

第三，充分发挥行政机关的职能作用。创新依法治省工作机制离不开行政机关的参与，必须加快转变政府职能，建设服务型法治政府。[①] 四川省依法治省进程中，政府要依法推进职能转变。首先，必须全面履行责任，政府全面履行责任是指要按照依法行政的要求，做到职权法定、依法办事，这是法治政府建设的本质要求。全面履职要求政府不失职、不越

---

① 石佑启、陈可翔：《法治化营商环境建设的司法进路》，《中外法学》2020 年第 3 期。

权、不滥用职权、程序正当合法、内容合理适当。政府的职能与权力要受到宪法、法律的约束而不得扩张与滥用，政府要积极履行法定职责而不得消极无为，以确保政府依法办成事、办好事，真正成为人民信得过、靠得住、用得上的公共服务型政府。主要体现在三个方面：政府要在法定范围内履行职能与行使权力，不得越权；政府要积极履行职责，不得失职；政府要依法办事、严格规范公正文明执法，不得滥用职权。其次，推进职能转变法治化。政府职能转变涉及面广，系统性强，关系复杂，不能为"转"而"转"，也不能突破法律底线，而应在法治的框架下依法推进改革，并依法巩固改革的成果。

第四，充分发挥司法机关的主观能动性。创新依法治省的工作机制，必须顺应时代大势，构建智慧司法体系。司法机关应当积极主动地依照法律审理案件，为党和国家工作大局服务，为社会经济发展服务，为维护社会稳定行使职权。数字化、互联网背景下，四川全面依法治省的司法呈现出信息化与智能化发展的趋势，司法插上了实践理性和信息技术的翅膀。在网络信息技术和智能技术日益发展和广泛运用的今天，司法机关不应再消极被动，而应紧紧抓住新一轮科技革命的历史机遇，把现代科技的先进性和司法人员的创造力有机结合起来，开展"大数据＋""人工智能＋""互联网＋"基础上的司法运行新模式，提升司法改革整体效能。法官和检察官要遵循司法规律，发挥主体能动性，树立法治思维和创新思维，善于把深化司法体制改革和现代科技应用结合起来，找准科技创新与政法工作的结合点，积极主动运用大数据和信息技术手段，创新司法实践模式，提高司法应对能力，扩大司法运用领域，不断完善和发展中国特色社会主义司法制度，扎实推进司法公正，提高司法公信力。以公开促公正，加强对司法的民主监督。

（三）必须着力提升人民群众的法治获得感

依法治省需要全社会广泛深入而持久的参与，增强全省民众的法治意识、法治观念，特别是将法治意识观念转化为全社会尊法、学法、守法、用法的实际行动。因此，在推进依法治省的过程中，既要通过整治群众身边的突出问题提升执法公信力，把执法的过程转化成让人民群众认同法治、选择法治、信仰法治的过程；更要坚持法治权威、法治信仰至上，以法治实施维护法律生命，用严格执法提升法治权威，通过法治灌输、法治沁润、法治厉行，逐步树立社会公众的法治信仰。

全面依法治省始终坚持以人民为中心，为了人民，惠及人民。

第一，坚持依法治省体现人民的政治利益。人民的政治利益的实现，最根本的在于政治制度的运行是否体现人民要求和人民利益，也就是说人民利益是我国制度运行好坏的最重要的标准，[①] 这一过程需要法治进行保障。习近平总书记在党的十九大报告中指出，为什么人的问题，是检验一个政党、一个政权性质的试金石。必须始终把人民利益摆在至高无上的地位，让改革发展成果更多更公平惠及全体人民，朝着实现全体人民共同富裕不断迈进。人民的政治利益的保障是发挥社会主义政治优势和制度优势的重要内容。四川在法治保障治蜀兴川的背景下，对于人民政治利益的保障主要有三个方面的内容：一是人民代表大会制度的完善，二是基层民主选举和自治的保障，三是人民对公权力的监督的实现。

第二，坚持依法治省体现人民的经济利益。正确处理发展与稳定的关系，正确认识市场与法治的关系，正确理解法治在新时代推动治蜀兴川再上新台阶中的作用，是四川省委做好新时代四川工作的必然要求。四川省委围绕习近平新时代中国特色社会主义思想，围绕习近平总书记来川视察提出"推动治蜀兴川再上新台阶"的总体要求和"五个着力"的重点任务，围绕四川转型发展、创新发展、跨越发展的首要任务与重要目标，通过"两个决定"聚焦谋划习近平新时代中国特色社会主义思想在四川贯彻

---

① 张向东、任登科：《汉代巡视制度发展过程中的异化及其历史启示》，《长白学刊》2017年第4期。

落实的重大框架性与专门性问题，在阐明新时代治蜀兴川的历史方位、总体要求、第一要务、根本动力、开放格局、重中之重、价值取向、生态重任、政治保证的基础上，旗帜鲜明地提出新时代治蜀兴川要着力建构法治保障。市场经济是法治经济，稳定公平透明的法治保障就是重要的发展环境。

第三，坚持依法治省体现人民的文化利益。文化是维系人们社会生活的必要部分。当今世界，文化与经济、政治相互交融、相互渗透。文化的力量，不仅深深熔铸在民族的生命力、创造力和凝聚力之中，而且越来越成为综合国力和国际竞争力的重要组成部分。① 国家的发展和强盛，民族的独立和振兴，人民的尊严和幸福，都离不开强大文化的支撑。中国特色社会主义进入新时代，我国社会主要矛盾已经转化为人民日益增长的美好生活需要和不平衡不充分的发展之间的矛盾。其中，文化利益是实现人们美好生活的重要组成部分。我国高度重视文化和旅游发展，把文化建设纳入"五位一体"总体布局，把文化自信作为"四个自信"的重要内容，把"坚持社会主义核心价值体系""坚持人与自然和谐共生"作为基本方略，对推动文化和旅游发展作出战略部署。

第四，以宪法学习宣传活动筑牢人民法治信仰。宪法的生命在于实施，宪法的权威也在于实施。修改宪法是为了更好地实施宪法，让文本上的宪法"活起来""落下去"，充分发挥国家根本法的作用。为切实抓好宪法学习宣传和贯彻实施，四川省在《中共中央关于深入学习宣传和贯彻实施〈中华人民共和国宪法〉的意见》精神指引下，开展各类活动学习宣传和贯彻实施宪法。四川省高举中国特色社会主义伟大旗帜，全面贯彻党的十九大和十九届二中、三中全会精神，以习近平新时代中国特色社会主义思想为指导，增强针对性、实效性，讲好中国宪法故事，使宪法精神

---

① 周丽、刘佳、甘银丹：《四川文化产业管理人才培养解析》，《中华文化论坛》2021 年第 4 期。

深入人心，以宪法精神凝心聚力。采取座谈会、专题报告会、系列讲座、学术论坛、宣讲团、专项课题等多种形式，精心组织好宪法和宪法修正案的学习、研究、宣传工作。

第五，以公共法律服务体系满足人民法治需求。公共法律服务是由政府主导提供、旨在保障公民基本权利、维护社会公平正义所必需的基本法律服务，是公共服务均等化的重要组成部分。[①] 构建完备的法律服务体系，是全面依法治国的社会建设工程，是法治社会建设的基础性工程，是惠及城乡居民的民生工程，也是政府提供公共服务的重点工程。四川省努力为推动治蜀兴川再上新台阶提供优质高效的法律服务和坚强有力的法治保障，不断增强人民群众的获得感、幸福感、安全感。一方面，要求建设高效便民的公共法律服务平台，发挥平台的基础性作用，集成司法行政各类法律服务项目，形成多种公共法律服务产品的便民载体。另一方面，要求建立健全公共法律服务规范，推进多层次多领域公共法律服务规范化、标准化建设，完善以平台建设标准、服务质量标准和管理运行标准为主要内容的公共法律服务标准体系，着力构建公共法律服务标准化四川品牌。

（四）必须着眼"关键少数"的法治思维

全面深入推进依法治省，必须抓住领导干部"关键少数"，把"关键少数"履职尽责作为抓好法治建设的根本前提，用制度保障说了算、定了干、干就干好，通过抓住不落实的事、追究不落实的人树立抓"关键少数"推动法治的权威。首先，要充分发挥党政"一把手"在法治建设中把方向、抓大事、谋全局、抓落实的重要作用。其次，必须突出领导干部抓依法治省工作的实效，要求以提纲挈领的办法实施重点推进、难点突破、节点掌控，以重点、难点、节点工作的高质高效推动，带动面上工作，推动目标任务精准落地，坚决克服面面俱到、平均用力。

---

① 刘炳君：《当代中国公共法律服务体系建设论纲》，《法学论坛》2016 年第 1 期。

全面依法治省必须抓住领导干部这个"关键少数"，以治理提素质。

第一，加强对"关键少数"的从严治理。首先，要求领导干部把法治意识内化于心、外化于行，把坚持党的绝对领导作为政法工作最高原则坚持依法决策、依法用权、依法履职，带头遵守法律、执行法律，运用法治思维和法治方式处理各类矛盾和问题。要求领导干部把法治意识转化为运用法治思维和法治方式深化改革、推动发展、化解矛盾、维护稳定的能力。要求领导干部运用法治思维和法治方式推动经济转型升级、保障改善民生、发展社会事业、加强生态文明建设、推进社会治理。要求领导干部坚持"严"的主基调不动摇，持续正风肃纪，勇于自我革命，坚决清除害群之马、整治顽瘴痼疾。要力戒形式主义、官僚主义，确保全面依法治国各项任务真正落到实处，确保政法队伍对党忠诚、服务人民、执法公正、纪律严明。

其次，配备专业监督队伍，提升对"关键少数"的监督力度。一方面，注重日常监督管理，能够把"关键少数"的监督常态化。要做好监督执纪的工作，尤其需要在日常监督上多下功夫，这就需要对监督队伍进行细化，能够在日常对"关键少数"的工作分工更细致，既能够压实监督队伍的责任，也能够确保监督执纪的工作做到位，只有对"关键少数"的管理工作做得更细致，才能够更及时地发现"关键少数"存在的问题，避免因"小节"失去"大节"。另一方面，加强重要问题监督，能够更精准地追究"关键少数"的责任。做好"关键少数"的监督工作，也需要有工作侧重点，要针对不同行业的工作特点，以及可能出现问题的地方，更精准地去推动工作的问题得到解决，才能更好发现问题。

第二，加强对"关键少数"的长期治理。廉政建设是确保依法执政的重要举措，从国外一些执政党制度反腐的经验来看，注重加强内外约束机制的构建，使政党时刻处于监督之中。而有些长期执政的政党，由于缺乏有效的反腐措施，腐败泛滥，积重难返，最终丧失政权。除了执政党，行政机关、司法机关等职能主体的廉政建设也刻不容缓，近年来四川出现的多个恶性贪腐案件对政府形象造成了恶劣影响，虽然主恶已伏法，逐渐重新塑造了风清气正的良好氛围，但是廉政建设仍不可懈怠，必须坚持长期治理。

全面依法治省当前已取得重要成果，确保"关键少数"的带头作用功不可没，因此必须继续加强长期治理，杜绝领导核心被权力逐渐侵蚀。习近平总书记在十九届中央纪委六次全会上发表重要讲话强调："坚持党中央集中统一领导，坚持党要管党、全面从严治党，坚持以党的政治建设为统领，坚持严的主基调不动摇，坚持发扬钉钉子精神加强作风建设，坚持以零容忍态度惩治腐败，坚持纠正一切损害群众利益的腐败和不正之风，坚持抓住'关键少数'以上率下，坚持完善党和国家监督制度，形成全面覆盖、常态长效的监督合力。"

第三，加强对"关键少数"的制度治理。制度建设是廉政建设的根本所在，不仅需要加强制度的规范性和系统性建设，还要重视制度的执行力，对腐败实行零容忍，加强对"关键少数"的制度治理确有必要。因此，必须完善领导干部法治建设考核机制。德才兼备是我们党选拔任用干部的标准，法治观念、法治素养是衡量干部德才的重要内容。对领导干部推进法治建设实绩的考核制度进行设计，对考核结果运用作出规定。明确党政主要负责人在推进法治建设方面要履行的具体职责，把能不能遵守法律、依法办事作为考察干部重要内容和识别干部的重要条件，在相同条件下，优先提拔使用法治素养好、依法办事能力强的干部。

四川在全国率先出台《关于抓住领导干部"关键少数"全面深入推进依法治省工作落实的意见》，对领导干部尊法、学法、守法、用法等作出16条刚性规定，依纪依法规范权力运行。主要包括落实领导干部法治责任、突出领导干部法治示范、树立领导干部法治思维、强化领导干部法治实践和加强领导干部法治保障五部分内容。为使抓"关键少数"的举措更具针对性和实效性，需要注意一把手和领导班子在一个地区、部门、单位居于重要地位，对一地一域的政治生态和干部队伍的作风面貌起着重要的示范引领作用。加强对一把手和领导班子监督，是坚持和加强党的领导、深化全面从严治党的必然要求。抓住一把手和领导班子这个监督重点，就抓住了全面从严治党的"牛鼻子"。

三、四川全面深入推进依法治省的具体实践

（一）以科学立法护航四川高质量发展

立法是国家有权机关制定、修改、废止法律、法规的活动，科学立法是依法治国、建设法治中国的前提和基础①。四川省第十二届全面依法治省委员会明确要求提高地方立法质量和效率，认真贯彻实行新修改的立法法，立足省情实际统筹推进科技创新、开放发展、乡村振兴、生态环保、社会治理、数字经济等领域立法工作。以下从民生领域立法、地方环保立法、区域协同立法以及社会治理立法四个方面简介四川科学立法的典型案例。

1. 民生领域立法

民生领域的事件涉及人民群众最关心最直接最现实的利益，备受社会关注。衡量法律是否良善的一个重要标准，就是对关系民生重要问题的关注和回应。认识到民生立法的重要性，四川省针对民生领域存在的突出问题，围绕教育、养老、就业、社会保障、食品安全等内容加快推进民生领域立法，用完备的法治保障人民权益、增进民生福祉。

社会文明程度与市民的生活质量密切相关，是民生问题的重要抓手之一。基于此，达州市结合该市实情，汇集民意，制定了《达州市文明行为促进条例》。该条例由达州市四届人大常委会第三十二次会议于 2020 年 6 月 23 日审议通过，并经省十三届人大常委会第二十次会议于 2020 年 7 月 31 日审查批准，自 2020 年 9 月 1 日起正式施行。作为达州市第一部关于

---

① 姜孝贤：《论我国立法体制的优化》，《法制与社会发展》2021 年第 5 期。

促进文明行为提升的地方性法规,其立法目的是"为培育和践行社会主义核心价值观,传承和弘扬中华传统美德,倡导和规范文明行为,提升社会文明程度",旨在明确"如何促进""怎样提高",属于"促进型立法"。作为促进型立法,《达州市文明行为促进条例》对倡导的文明行为和应当自觉遵守公共秩序、公共环境卫生和安全、公共交通、乡风文明等方面行为规范进行明确规定,在提高市民文明素质的同时,也增进了市民的城市生活幸福感。

2. 地方环保立法

环保工作的特点决定了环境保护地方立法的重要意义。从整体上看,各地环境保护的基本目标和任务是一致的,因此,环境保护基本制度应当具有统一性。但是,各个地方的环境条件、经济发展程度、民众诉求等存在很大差异,环境保护具体制度或操作规则也存在一定差异。因此,各地方应根据各自的生态资源条件、环境保护状况、经济发展情况和社会基本形势等,因地制宜地制定地方环境保护法规。纵览四川设区市(州)制定的涉及"环境保护"的地方性法规,呈现出两大基本特点:一是突出了对地方水环境的保护,比如在江河保护方面制定了《四川省沱江流域水环境保护条例》等;二是突出了对区域性生态环境的保护,如民族地区制定的《甘孜藏族自治州生态环境保护条例》等。

《甘孜藏族自治州生态环境保护条例》经四川省十二届人大常委会第三十六次会议批准,于2018年2月1日起正式施行,是甘孜州第一部有关生态文明的地方性法律。共分总则、生态环境保护规划和生态功能区划、生态环境保护、经济发展和资源开发中的生态环境保护、生态恢复和治理、法律责任、附则7章63条,对生态环境保护工作进行了全方位的规定。整部法律致力于保护和改善生态环境,合理开发利用自然资源,构建长江上游重要生态安全屏障,促进生态与经济社会协调发展,其实施对推进甘孜州生态文明建设,改善城乡人居环境,建设美丽生态和谐小康甘孜具有重要意义。该项立法兼具地方环保立法与民族地区立法的特性与亮点，具有重要的启示意义。

3. 区域协同立法

区域协同立法是指两个或两个以上立法主体按照各自的立法权限和立法程序，根据立法协议，对跨行政区域或跨法域的法律主体、法律行为或法律关系等法律调整对象分别立法，相互对接或承认法律调整对象法律效力的立法行为。[1] 实践中，区域协同立法对区域之间的共同治理行为以及相关发展路径进行了规划，有利于保障区域稳定有序发展。2023 年在新一届全面依法治省会议中，四川省明确强调要深化川渝法治一体化建设，加强川渝立法协同，共建西部法律服务产业聚集群，有力助推成渝地区双城经济圈建设。

如四川省十三届人大常委会第二十六次会议举行第二次全体会议表决通过的《四川省优化营商环境条例》，其作为四川与重庆开展的第一个协同立法项目的相关成果，是深入贯彻中央关于推动成渝地区双城经济圈建设战略部署、全面落实四川重庆党政联席会议精神的重要举措。该条例从四川省经济社会发展水平和优化营商环境工作中存在的问题出发，立足优化公平竞争、诚实守信的市场环境，着眼构造公开透明、高效便捷的政务环境，围绕营造公正文明、严格规范的法治环境，回应市场主体的需求与愿望，将"12345"查处回应机制、政务服务"好差评"制度、"天府通办"掌上服务平台等四川在优化营商环境工作中的经验做法在立法中加以规制，对加强两地经济交流具有重要作用。

（二）以严格执法提升治理能力和水平

徒法不足以自行，法律的生命力在于实施。执法作为全面依法治国的关键环节有着重要意义，在全面依法治省过程中，必须充分发挥执法的关键作用，将法治优势转化为治理效能。四川省第十二届全面依法治省委员

---

[1] 贺海仁：《我国区域协同立法的实践样态及其法理思考》，《法律适用》2020 年第 21 期。

会第一次会议强调:"要切实保障市场主体合法权益,重点治理政府失信行为,深化对新技术、新产业、新业态、新模式的包容审慎柔性监管,加大知识产权保护执法力度,努力营造各类市场主体公平参与竞争、同等受法律保护的良好市场环境。"以下从柔性化执法、信息化执法、规范化执法、法治建设评估四个方面简介四川严格执法的典型案例。

1. 柔性化执法

在推进国家治理体系和治理能力现代化的背景下,传统的行政执法方式越来越难以满足时代的需要,因此柔性执法的理念受到各界重视,并在执法实践中得到了较为广泛的运用,行政执法工作日益体现出"柔性化"的特征。全面推行行政柔性化执法是贯彻以人民为中心的执法理念、落实对新技术新产业新业态新模式包容审慎监管要求、提升行政机关执法能力的重大举措,是营造法治化营商环境、纵深推进法治政府建设、不断激发市场活力的有益探索,对增强政府治理效能、促进政府治理体系和治理能力现代化具有重要的推动作用。

为此,由成都市司法局调研和起草,以成都市法治政府建设工作领导小组办公室名义印发了《关于全面推广行政处罚"三张清单"制度推进包容审慎柔性执法的指导意见》,首次在全国提出并在全市范围内推行行政处罚"三张清单"制度。行政处罚"三张清单",是指不予处罚事项清单、减轻处罚事项清单和从轻处罚事项清单,旨在进一步量化和细化行政执法自由裁量标准,规范执法行为,明确权力运行边界,避免一刀切式执法,促进行政执法水平提升,释放市场经营主体活力,助推经济高质量发展。2020年以来,成都在此制度指导下实现全市开展说服教育、劝导示范、行政建议、预警提示、行政指导、行政约谈、行政告诫、行政回访、其他柔性执法同比分别增长3.2%、1.09%、12.4%、3.1%、7.01%、0.75%、11.5%、16.7%、17.9%,有效激发了市场主体积极性和创造力。

2. 信息化执法

国务院办公厅印发《关于全面推行行政执法公示制度执法全过程记录

制度重大执法决定法制审核制度的指导意见》，明确要求大力推进行政执法综合管理监督信息系统建设，完善全国行政执法数据汇集和信息共享机制，以机制建设为抓手，不断推进行政执法与监督信息化进程。四川省以法治政府建设为统领，以夯实治蜀兴川法治保障为任务，全面推进行政执法信息化建设，积极部署行政执法综合管理监督信息系统的运用，并在试点城市建立综合执法智慧服务平台，提升全省行政执法和执法监督智能化、智慧化水平。

在崇州市，当地启动综合行政执法改革，成立综合行政执法局集中行使 7 个部门 9 个领域的行政处罚权和相应的行政强制权，同时搭建以多职能部门的信息共享、数据交换为基础，集执法监督、处置、协调、指挥、考核、决策六大体系于一体的综合行政执法智慧服务平台，实现对执法人员以及相关事件、热点的实时监控、调度，对行政执法数据的归集分析，推动行政执法从"业务驱动"转变为"数据驱动"，向智慧化升级。通过数据库的建立、数据挖掘、数据分析、数据应用，推动综合行政执法管理改革，促进了执法处置效率和水平的进一步提升，构建了"一支队伍管执法、三张清单明权责、四化一体促执法"工作模式，实现了"管理网格化、执法智能化、巡查综合化、处罚专业化"。

3. 规范化执法

行政执法是行政机关经常性的管理活动，是全面推进依法行政、建设法治政府的重要环节。规范行政执法行为，是提高政府依法行政能力、率先转变发展方式、构建社会主义和谐社会的必然要求，是建设行为规范、运转协调、公正透明、廉洁高效的行政管理体制的重要内容。持续开展"减证便民"行动是党中央、国务院深入推进简政放权、放管结合、优化服务改革的重点工作，是规范行政执法的重要举措。为规范行政执法，四川各地聚焦问题、因地制宜，积极探索适合当地的行政执法规范化措施。

广安市司法局创新推行"八化"工作法，着力推进重大行政决策、规范性文件、行政协议合法性审核工作规范化、标准化。"八化"工作法包括报审材料目录化、审核事项清单化、审核程序标准化、审核意见具体化、审核文书格式化、意见采纳准确化、保障措施刚性化、责任追究精准化。该项标准的施行有利于健全完善程序完备、权责一致、相互衔接、运行高效的合法性审核机制,落实审核工作要求。除全面推行"八化"工作法以外,广安市还将着力打造"1+3+3"制度体系的广安合法性审核模式,即制定1个"广安市合法性审核办法",完善重大行政决策、规范性文件、行政协议3个审核标准,优化3个具体审核文书模板。持续推动合法性审核工作规范化、标准化,健全法治政府建设制度体系,确保政府各项工作始终在法治轨道上运行,为经济社会高质量发展提供坚强法治保障。

(三)以公正司法守住公平正义的底线

司法公正不仅是司法公信力的基础和司法权威的前提,还是保障人权的最有效途径,更是社会公正的基石。司法是维护社会公平正义的最后一道防线,司法公正对社会公正具有重要引领作用,司法不公对社会公正具有致命破坏作用。根据四川省第十二届全面依法治省委员会第一次会议部署,既要突出抓好知识产权保护司法,激活经济发展动力,又要加大公益诉讼办案力度,努力让人民群众在每一个司法案件中感受到公平正义。以下从智慧司法、协同司法、微观聚焦结合宏观集群、实体公正结合程序公正四个方面简介四川公正司法的典型案例。

1. 智慧司法

全面依法治国高度重视网络安全和信息化工作,对网络强国建设提出一系列新观点、新论断。为深入贯彻习近平法治思想,最高人民法院继发布《中国法院信息化发展报告 No.3(2019)》,宣告人民法院信息化3.0版主体框架已经确立后,提出加快建设4.0版。最高人民法院2023年工作报告提出:全面推进智慧服务、智慧审判、智慧执行、智慧管理,建成全业务网上办理、全流程依法公开、全方位智能服务的智慧法院。四川法院主动融入国家和四川司法科技创新体系，抢抓智慧法院建设与发展机遇，逐步构建了四川特色、全国领先的智慧司法模式，不断推动审判体系和审判能力现代化，有效提升服务经济社会发展的能力，有力推动法治四川、平安四川建设。

总体上，全省法院认真贯彻落实习近平总书记提出的网络强国战略，将信息化作为一场深刻的自我变革，加快建设智慧法院。已全面建成"全面覆盖、移动互联、跨界融合、深度应用、透明便民、安全可控"的四川法院信息化3.0版，形成了以网络化、阳光化、智能化为特征的智慧法院，并支撑全省法院整体工作取得显著成效。同时，省法院已建成数据中心云计算虚拟化等平台，全省法院初步建成"1+22"中心机房格局，16个中院建设移动办公专网，213个基层法院、近900个人民法庭全部实现一张网运行。此外，全省法院基本建成智能化诉讼服务中心、执行指挥中心，科技法庭建设覆盖率达100%，建成移动车载科技法庭200余套。信息化基础设施的普及，为智慧法院建设不断提档升级奠定了坚实基础。

2. 协同司法

四川为全面贯彻《关于为成渝地区双城经济圈建设提供司法服务和保障的意见》精神和总体要求，全方位加强审判工作，助力"两中心两地"建设，立足于成渝地区双城经济圈建设这一重要的战略部署，会同全省各司法机关以及公证处等司法服务机构同步展开了一系列有益探索，形成了多维度一体化的司法协同大格局。不仅有利于增强成都与重庆两地市区法院合作力度，充分发挥成渝地区双城经济圈建设的辐射作用，培育强化成都都市圈；还有利于拓宽成渝司法协作的区域版图，将川渝毗邻区域引入服务保障成渝地区双城经济圈建设司法布局，实现川渝毗邻区域城市群法治环境的整体提升。

应此要求，两地积极推动司法协同全方位展开。四川省法院与重庆高院签署《成渝地区双城经济圈司法协作框架协议》，在诉讼服务、生态保护、执行联动、智慧法院建设等8个方面加强司法协作，建立3项合作保障机制。同时，签订了《知识产权司法保护交流合作协议》《成渝地区双城经济圈环境资源审判协作框架协议》《成渝地区双城经济圈跨域诉讼服务合作协议》等协议，充分保证了司法协同的全面性。另外，四川天府新区法院（四川自贸区法院）与重庆两江新区（自贸区）法院签署了框架性的《川渝自贸区法院合作共建协议》，围绕执行工作签订了《川渝自贸区法院强制执行协作框架协议》，围绕知识产权司法保护签订了《川渝自贸区知识产权司法保护合作备忘录》。

3. 实体公正结合程序公正

实体公正和程序公正是司法公正密不可分的两面，统一于司法整体过程，实体公正是司法在裁判结果意义上的体现，程序公正是司法在审理过程意义上的体现。[①] 人民群众对司法公正的要求最直观的体现便是实体公正，这是受限于专业知识而产生的朴素正义观，而程序公正则是隐含在司法过程中的正义诉求，更加符合司法哲学的内在机理，是实体公正的过程塑造。四川推进全面依法治省、追求公正司法，必定围绕实体公正和程序公正两个核心展开。

首先，确保实体公正，促进基层社区治理自治、德治、法治融合。全省法院挖掘、培育人民调解员、网格员、五老乡贤、村（社区）法律顾问、信访代理员、说事评理员等基层自治力量，指导创建无讼社区和诉源治理示范村（社区），推动基层矛盾纠纷自治解决、自主消化，如眉山多家法院"诉源治理示范村（社区）"、成都成华区人民法院"网格联调"、四川蒲江县法院"五老调解"、四川大邑县法院"无讼社区"、四川金堂县法院"说事评理"、凉山州冕宁县法院"德古调解"等。其次，维护程序公正，聚焦案件审理、执行、救济的统一标准。如针对环境资源案件，川渝两地法院针对跨区域群体性环境民事侵权和刑事案件通过协商指定管

---

① 孙辙、张巍：《司法的实体公正、程序公正及法官的行为公正》，《法律适用》2022 年第 3 期。

辖，统一立案审理，并联合开展专项活动，以严厉手段打击跨区域的破坏野生动物资源犯罪行为。同时，围绕四川天府新区、重庆两江新区两大国家级新区和其他省级开发区建设发展，发挥民商事审判服务保障经济社会高质量发展的作用，协助成渝地区共同建设高标准市场体系，营造市场化、法治化、国际化一流营商环境。

（四）以全民守法凝聚法治共识和氛围

法律的权威源自人民的信仰，全民守法不是单纯惩罚威慑下的法律遵守，而是人民对法律的内心拥护促成的自觉遵守，因而必须在全社会打造良好的法律氛围，以法治文化建设推动形成全民自觉尊法守法用法的社会样态①。四川省坚持全面依法治省全过程体现人民利益、反映人民愿望、维护人民权益、增进人民福祉，不断提升法治惠民利民的实效性，深入实施"八五"普法规划，促进实现治蜀兴川的全民守法格局。以下从法治示范、法治宣传、法治指导三个方面简介四川公正司法的典型案例。

1. 法治示范

四川省将开展示范试点作为一项重要工作部署，中共四川省委全面依法治省委员会印发《关于开展全面依法治县示范试点暨示范推动解决法治建设八个具体问题有关工作的通知》，创新开展"1+8"示范试点，决定集中1年时间，在成都市成华区等14个县（市、区）开展全面依法治县示范试点，在科技厅等24个省直部门（单位）示范推动解决法治建设8个具体问题，着力强化全面依法治省薄弱环节，创新探索基层法治建设有效路径，推出一批务实管用、可复制可借鉴的法治建设经验和模式，加快建设更高水平法治四川。此次示范试点工作由省委全面依法治省委员会统一部署、统筹推进，是省委和省委全面依法治省委员会的一项重要部署。

芦山县探索了以党建为引领、"三治"深度融合的基层治理"1+8"

---

① 石伟：《法治文化的深层结构与基本判定》，《求实》2016年第8期。

模式，即建强一个坚强核心，推选一个自治组织、完善一套村规民约、编写一套简明读本、建立一套矛盾调解机制、晒出一本明白台账、用活一个宣传阵地、创编一套宣传节目、选树一批示范典型。此后，雅安市委深改委将"1+8"基层治理纳入雅安自主改革创新项目，经过实践探索形成了《雅安市"1+8"乡村基层治理改革实施方案（送审稿）》，通过后以市委办、市政府办名义正式印发，在全市推广实施。经总结提炼制度化后的"1+8"乡村基层治理模式即建强一个战斗堡垒，建立健全一张基层治理网络、一套基层自治机制、一套基层治理法治保障机制、一套基层德治机制、一套基层治理服务机制、一套基层权力监督机制、一套基层治理科技支撑体系、一套乡村产业发展助推机制。

2. 法治宣传

人民美好生活需要日益广泛，不仅对物质文化生活提出了更高要求，而且对公平、正义、安全、环境等方面的要求也与日俱增，法律服务需求多元化、个性化的特征较为明显。特别是在迈入民法典时代后，人们的生活方式、价值观念等都发生了深刻变化，群众法治需求也正在经历从"有没有"向"好不好"的升级，既有普及涉及民生法律法规的必要需求，又有获得便捷法律服务的品质需求，还有供给专业法律资源的定制需求。探索推行更加高效协同优化的法治宣传模式，提供多途径、多方式、多层次、多渠道的法律服务，已成为居民的共同期盼。

创新智慧普法，成都市成华区创新打造全国首个"云学法·云普法+"智慧普法平台。该平台以"互联网+""大数据+""区块链+"为技术支撑，以"998法治大讲堂"有声案例为核心内容，动态物联法律机器人、天猫精灵、定向音箱、音频柱等科技设备，云端链接专家讲法、以案说法、直播释法、掌上学法、指尖问法等多元功能，率先点亮全国首批、全省首个"法治融屏"，为在法治轨道上推动基层社会治理现代化提供了"成华样本"。同时，"云学法·云普法+"结构性联动"@成华司法""法润成华"等网络平台，系统性对接成都广播电视台、区内41家律师事务所、成华区公服中心等"实体窗口",阶段性搜集掌握网络舆情热点、民生关注重点、政策法律难点,并用通俗易懂的方式说清讲透群众法治聚焦点,形成了一系列尊重民情、适应民需、满足民愿的普法内容,有效引导群众办事依法、遇事找法、解决问题用法、化解矛盾靠法。

3. 法治指导

习近平总书记高度重视法治社会建设,提出了一系列新思想、新观点、新论断、新要求。强调培育法律信仰,指出法律要发挥作用,需要全社会信仰法律。要求采取有力措施加强法治宣传教育,弘扬社会主义法治精神,培养法律意识,形成守法光荣、违法可耻的社会氛围,坚持依法治国和以德治国相结合,做到法治和德治相辅相成、相互促进;强调要创新社会治理,指出社会治理是一门科学,要坚持系统治理、依法治理、综合治理、源头治理。要求善于运用法治思维和法治方式解决涉及群众切身利益的矛盾和问题。四川充分发挥法治指导作用,将培育法治文化和推进社会治理融入全民守法大格局的塑造之中。

自贡市深入推进"校园法治委员"改革试点,探索"3+2"法治教育新模式,构建政府、学校、社会、家庭共同参与的青少年法治教育新格局,不断提升法治教育的针对性和实效性,全面提高青少年法治观念和法律意识,促进青少年健康成长、全面发展。一方面,主动邀请政法部门领导开展"开学第一课"法治讲座,聘请法检两院、公安部门专业人才担任学校"法治副校长",参与"校园法治委员"建设工作,在普法、用法方面积极发挥司法部门的指导作用,引导师生积极运用法治思维和法治方式参与学校治理,协调校园矛盾纠纷化解工作。另一方面,专门鼓励指导各校按照要求和"模板"结合校情制订具体方案,丰富法治教育载体,创新"校园模拟法庭""现场庭审进校园"等教育形式,推进法治广场、长廊等校园文化建设。

后　记

　　党的十九大报告明确将"坚持全面依法治国"作为新时代建设中国特色社会主义的基本方略之一，指出"全面依法治国是中国特色社会主义的本质要求和重要保障"。党的二十大报告再次强调全面依法治国的重要性，以专章部署法治工作具体内容，提出"坚持全面依法治国，推进法治中国建设"。全面推进依法治国这件大事能不能办好，最关键的是方向是不是正确、政治保证是不是坚强有力。在走什么样的法治道路、建设什么样的法治国家问题上不能含糊，必须指明依法治国的总目标和正确方向，统一全党全国各族人民认识和行动。

　　中国特色社会主义法治体系是中国特色社会主义制度的重要组成部分，必须牢牢把握中国特色社会主义这个定性，坚定不移走中国特色社会主义法治道路。我们要建设的中国特色社会主义法治体系，必须是扎根中国文化、立足中国国情、解决中国问题的法治体系。要坚持的中国特色社会主义法治道路，本质上是中国特色社会主义道路在法治领域的具体体现；要发展的中国特色社会主义法治理论，本质上是中国特色社会主义理论体系在法治问题上的理论成果；要建设的中国特色社会主义法治体系，本质上是中国特色社会主义制度的法律表现形式。

　　此外，推进全面依法治国，法治政府建设是重点任务和主体工程，对法治国家、法治社会建设具有示范带动作用。在全面依法治国新征程中，需要深刻领会中国特色社会主义法治下的科学内涵、基础方略、历史经验、总体布局，立足法治建设进程中的经验典型和重要成果，不断丰富全面依法治国的理论与实践。

本书在成书的过程中得到了四川省委、省政府相关部门领导和专家的大力支持，特此表示诚挚的感谢和致意！本书的编者构成如下：吴涛、梁亚钐编写前言与第二章；赖虹宇、孙文琦、熊关震、王纳编写第一章第一、第二部分与第三章；王浩、杨智、曾子为、鲜翰林编写第一章第三、第四部分与第四章；胡业勋、邵晏生、李旭编写第五章。其中，胡业勋负责全书的架构与统稿工作。最后，要特别感谢国家行政学院出版社各位老师的辛苦工作，使得本书能够顺利出版。

囿于多重因素，尤其是编者的水平有限，难免出现个别纰漏或不足，不妥不当之处，敬请读者批评和指正。

作者于蓉城

2023 年 3 月